AF329921

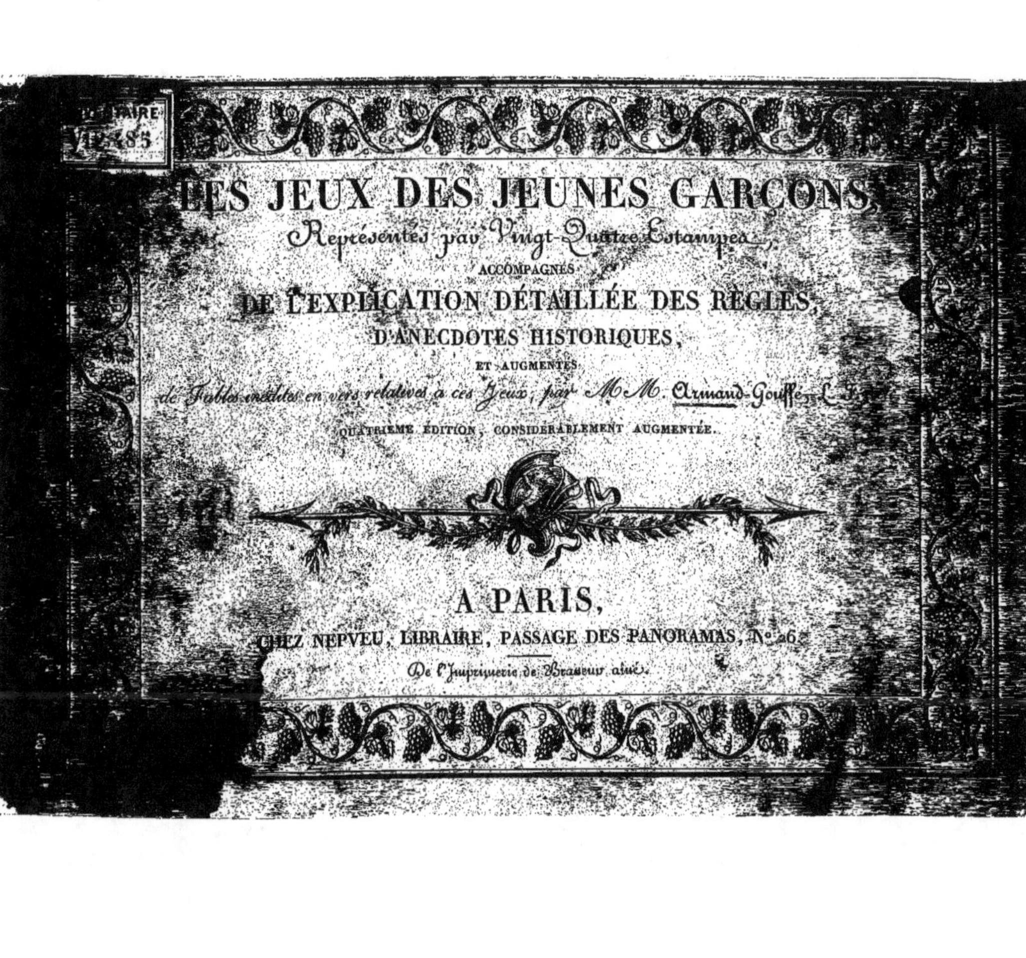

LES JEUX DES JEUNES GARÇONS,
Représentés par Vingt-Quatre Estampes,
ACCOMPAGNÉS
DE L'EXPLICATION DÉTAILLÉE DES RÈGLES,
D'ANECDOTES HISTORIQUES,
ET AUGMENTÉS
de Fables inédites en vers relatives à ces Jeux, par MM. Armand-Gouffé, L. P.
QUATRIÈME ÉDITION, CONSIDÉRABLEMENT AUGMENTÉE.

A PARIS,
CHEZ NEPVEU, LIBRAIRE, PASSAGE DES PANORAMAS, N.° 26.
De l'Imprimerie de Brasseur aîné.

Zmane.

892.

4.

A conserver

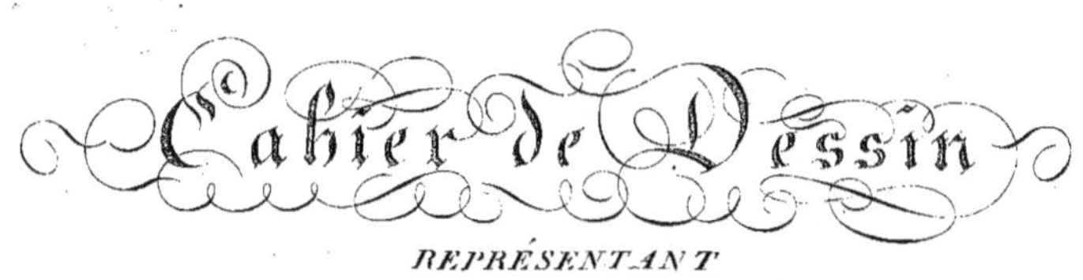

Cahier de Dessin

REPRÉSENTANT

les Jeux de l'Enfance & de la Jeunesse

avec

une Explication & une Devise Morale

2161

Cahier

Jeux des Jeunes Garçons

à Paris

12485

A Paris, chez Nepveu, Libraire, Passage des Panoramas, N.º 26.

AVIS DE L'ÉDITEUR.

L'Accueil que le public a daigné faire à cet Ouvrage encourage l'Editeur à le présenter avec de nouveaux avantages, propres à le rendre plus digne encore de cet empressement général. Cette quatrième Edition a été revue avec le plus grand soin; elle renferme les gravures nouvelles de quatre Jeux qui avaient été omis dans les Editions précédentes : le texte a été considérablement augmenté. Des explications incomplètes, et quelquefois vicieuses, laissaient beaucoup à désirer; on ne s'est pas borné à remplir ces lacunes, qui donnaient lieu aux plus justes réclamations; à des explications plus détaillées nous avons ajouté quelques Anecdotes et des Fables qu'on peut faire apprendre aux enfans, et sous ce rapport nous croyons avoir joint *l'utile à l'agréable* : placer ainsi la *leçon*

à côté du *jeu*, c'est fournir aux parens les moyens d'exercer les facultés intel-
lectuelles de leurs enfans en ne leur offrant au premier coup d'œil que le tableau
des jeux propres à développer les forces du corps; double but que doit se proposer
tout père raisonnable, comme tout instituteur bien pénétré de l'étendue de ses
devoirs. Le soin avec lequel ces gravures sont exécutées nous donne lieu de croire
qu'elles peuvent aussi inspirer aux jeunes gens le goût du dessin et leur servir de
premiers modèles; c'est spécialement sous ce point de vue que M. Noël, premier
Éditeur, les avait offertes au public.

Ces Jeux ne sont point, comme dans les précédentes Éditions, classés au
hasard; l'ordre dans lequel ils sont maintenant est celui même que nous avons
cru reconnaître dans l'adoption successive que les jeunes Garçons font de chacun
de ces Jeux.

Feutry, dans son poëme intitulé *les Jeux d'Enfans*, tiré du hollandais,
s'exprime ainsi :

« O vous, mortels sérieusement appliqués à de graves riens, enfans ridés de

« tous les états, venez contempler ces jeux innocens et instructifs; ils renferment
« des leçons utiles à la vie, et composent un petit monde dont le nôtre n'est
« qu'une image grossie par le télescope de la vanité : prenez celui de la raison,
« et vous percerez les abîmes du cœur de l'homme; vous pourrez vous reconnaître
« alors à ces jeux enfantins, que vous regardiez comme futiles, pitoyables ou
« risibles. »

Sur les frivoles jeux dont s'occupe cet âge
Gardons-nous de jeter des regards méprisans;
   Sous des titres plus imposans
   Ils sont aussi notre partage.

PESSELIER.

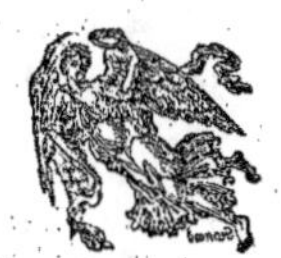

ORDRE DES GRAVURES.

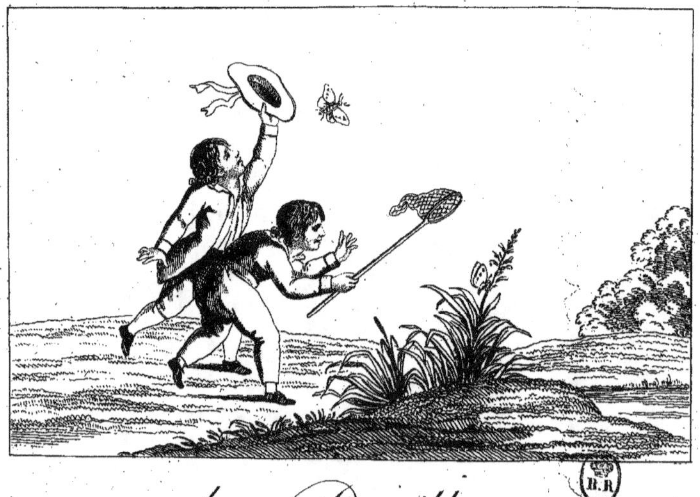

les Papillons

A Paris, Chez Noël, J.ᵉᵉ Graveur, Rue des Noyers N.° 47

I.

LES PAPILLONS.

POUR prendre ces jolis insectes on se sert d'un filet ou d'un petit réseau de soie ou de gaze de huit à dix pouces de large, fait en forme de sac, dont l'entrée est tenue ouverte par un cercle de fil d'archal ou une baguette d'osier que l'on emmanche d'un bâton.

Quoique nous ayons compris cet amusement au nombre des Jeux, il n'en est cependant pas un à proprement parler; c'est plutôt un de ces exercices amusans dont le goût vient naturellement aux enfans élevés à la campagne, et que leur âge n'appelle point encore aux Lycées. Quelque puéril que puisse paraître un tel amusement, il faut se garder de le blâmer dans l'âge de l'adolescence, où les vacances ramènent ordinairement les écoliers au sein de leurs familles; il développe les forces des enfans par les courses qu'il exige, et les porte insensiblement à l'étude de l'histoire naturelle; les papillons en sont la partie la plus jolie et peut-être la plus admirable, si l'on suit les phénomènes dont leur naissance, leur vie et leur mort sont accompagnées. Il suffit d'apprendre aux enfans que ces petits volatiles si légers, si élégans, si brillans, ont tous été de rampantes chenilles plus ou moins laides, plus ou moins hideuses, et qu'ils produiront à leur tour des œufs d'où sortiront d'autres chenilles qui brouteront les feuilles pendant plus ou moins de temps, et se transformeront en chrysalides ou fèves vivantes pour en sortir papillons parfaits.

FABLE I.

Le Papillon, l'Enfant et le Précepteur.

—Hé bien, pourquoi, monsieur Léon,
  Criait un Précepteur maussade,
Pourquoi donc empêcher votre gai camarade
  De saisir ce beau Papillon?
—Pourquoi? répond l'Enfant; chez mon frère malade
  Ce petit animal si bon
Vient par cent jolis tours le récréer; peut-être
  Arthur lui devra la santé. —
L'autre reprit : — Enfant, voyez sous la fenêtre
  Toutes ces fleurs dans leur été;

  Le bel insecte velouté,
C'est pour elles qu'il vient, pour elles qu'il voltige;
Il veut ravir leur suc et pomper leur fraîcheur.
  —Vrai! dit Léon; le mauvais cœur!
  Je vais bien tromper le trompeur. —
  Lors il s'échappe, et de leur tige
  Arrache vite chaque fleur.

Précoce instruction bien rarement redresse,
  Souvent gauchit l'esprit qui naît:

Craignons que ce flambeau ne blesse
L'œil qu'un jour doux éclairerait;
Ménager la lumière est de l'art le secret;

Assez tôt saura la jeunesse
Que tel qui tout à coup autour de nous s'empresse,
N'a pour guide que l'intérêt.

L. F.

FABLE II.

Le Papillon et l'Enfant.

Un Papillon voltigeait sur les fleurs;
Un Enfant lui coupa les ailes :
Echappé de ses mains cruelles,
L'insecte s'écria : — Quelles sont tes rigueurs!
Ai-je mérité ce supplice?
— Oui, dit l'Enfant; oui, je te fais justice;
Ailleurs qu'en ce riant jardin
Que ne vas-tu chercher butin;

N'as-tu pas les coteaux, les bois et la prairie?
S'il t'en coûte la vie,
Accuses-en ton goût, qui sans cesse varie
Et qu'on ne peut fixer jamais. —

De ce que nous avons demeurons satisfaits,
Et que du Papillon la triste expérience
Nous montre les dangers qu'amène l'inconstance.

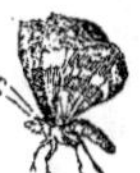

II.

LES CHATEAUX DE CARTES.

Les cartes offrent aux enfans des amusemens de plus d'une espèce; ils en font des châteaux, des boîtes, des chaînes, des petites découpures qu'ils appellent *capucins;* ils placent ces derniers de façon à ce qu'en en faisant tomber un tous les autres tombent à la file.

L'invention des cartes à jouer ne remonte qu'au quatorzième siècle, c'est à dire au règne de Charles V. On ignore quelle était alors la figure de ces cartes, leur nombre, ainsi que les règles du jeu. Les premières cartes dont l'existence soit bien constatée furent inventées un peu plus tard, vers 1392, sous le règne de Charles VI, par Jacquemin Gringonneur, peintre parisien. Son projet, dit-on, était de distraire le roi Charles VI, atteint d'une maladie de langueur qui le privait de l'usage de sa raison.

Le jeu de Piquet est l'emblème de la guerre : les valets ou plutôt *varlets* représentent

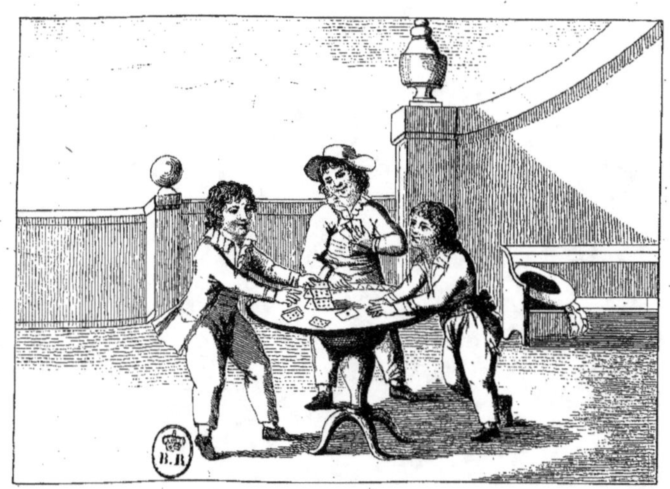

le Château de Cartes.

A Paris. Chez Noël Jne Graveur, Rue des Noyers. Nº 47.

les écuyers des princes, les guerriers qui commandaient les armées; les *as* l'emportent sur toutes les autres cartes, parce qu'ils représentent l'argent, qui est le nerf de la guerre (1).

Les couleurs ont été imaginées d'après le même système : le *cœur* représente le courage, si nécessaire aux guerriers; le *pique*, le *carreau* figurent des pointes de lances ou de javelots, dont on faisait alors usage à la guerre; le *trèfle* désigne les fourrages, sans lesquels les chevaux, si nécessaires à une armée, ne pourraient subsister.

Les noms qu'on voit encore sur les cartes, et qui semblent inintelligibles ou arbitraires, faisaient allusion à des personnages célèbres, contemporains de Gringonneur : *Argine*, nom de la dame de carreau, est l'anagramme du mot latin *regina*, la reine; *Judith* est le nom de la femme de l'empereur d'Allemagne; *David* désignait par allusion le roi de France; *Lahire*, nom que porte encore le valet de pique, était celui du fameux capitaine Poton de Lahire.

Dans les maisons d'éducation bien dirigées on interdit avec raison aux enfans les jeux de cartes proprement dits, tels que le Boston, le Reversis et autres; on craint d'éveiller dans de jeunes cœurs le sordide amour du gain; d'ailleurs les amusemens où le corps ne prend aucun exercice ne doivent pas être ceux de l'enfance.

(1) Cette dénomination vient du latin *as*, qui désignait chez les Romains une espèce de monnaie.

I.   2

FABLE III.

Le Château de Cartes.

Dans la loge du portier,
Bien mieux qu'au sallon peut-être,
Des vieilles cartes du maître
S'amusait un écolier.
Déjà sur la table antique
D'un grand château symétrique
Pèse l'étage dernier;
Là-bas sera la cuisine,
Et quel plaisir d'y songer!
Voici le garde-manger;
La mansarde, qu'il termine,
Sous le toit vient s'alonger;
Puis en cône se dessine
Dans l'air un comble léger.
Sur son palais comme il ouvre
Alors un œil amoureux!
Perrault d'un air plus joyeux

Ne regardait pas le Louvre.
— Qu'est ceci que je découvre?
Fi! que ce haut coffre noir
Dépare mon beau manoir! —
Aussitôt dit on l'emporte :
Mais la table qu'il supporte
Avait trois pieds seulement;
Elle tombe, et vers la porte
Entraine le monument.
Le petit en ce moment
Fit une laide grimace.

Plus d'un grand sans qu'il la fasse
Pas moins ne souffre. Oh! combien
Qui sur pied ne laissaient rien
Voudraient tout revoir en place!

L. F.

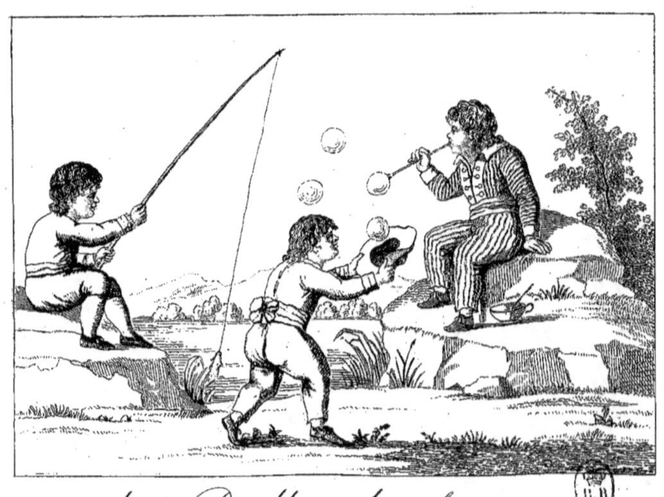

les Bulles de Savon.

A Paris, Chez Noël J.me Graveur, Rue des Noyers, N.o 67.

III.

LES BOULES, BOUTEILLES OU BULLES DE SAVON.

C'est un des premiers jeux de l'enfance, mais qui n'est pas sans agrément même pour l'adolescence. On fait dissoudre un peu de savon dans un verre d'eau ; on y trempe l'extrémité d'un chalumeau fendu en quatre ; il s'y attache une goutte d'eau, qu'en soufflant par l'autre bout on métamorphose en une bulle qui grossit extraordinairement si l'on sait ménager la force du vent. Quand elle est parvenue à une grosseur que l'expérience apprend bien vite à reconnaître, et que la bulle ne saurait passer sans que la mince enveloppe se déchire, on la détache en secouant légèrement le chalumeau ; elle s'échappe alors et se balance mollement dans les airs ; s'il fait soleil elle se peint des plus vives couleurs de l'arc-en-

Plus que l'autre elle est admirée.

Quels que soient les dehors et quel que soit le rang,
  Ne méprisons jamais personne;

  Le temps seul, le temps nous apprend
  Ce que de nous le sort ordonne :
Tel est obscur d'abord dont un jour le talent,
La science profonde ou le brillant génie
Illustreront le nom et charmeront la vie.

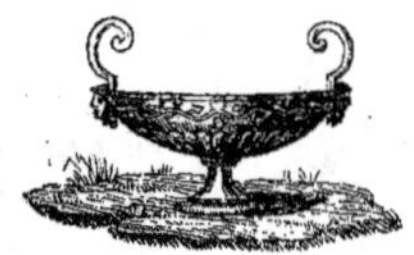

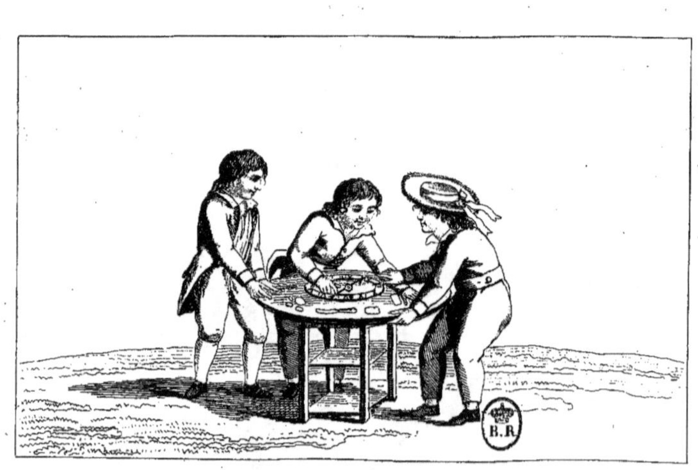

la Loterie

A Paris, Chez Noël, J.re Graveur, Rue des Noyers N.o 67

IV.

LA PETITE LOTERIE.

———

Loterie, ou jeu de *lots*, parce qu'on offre aux joueurs plusieurs lots de marchandises ou d'argent dont le tirage se doit faire au hasard. Il y a plusieurs manières de tirer les loteries ; mais nous ne parlerons ici que de la loterie des enfans. Tout l'attirail se réduit d'ordinaire à un carton, au milieu duquel tourne sur un pivot une aiguille de fer, comme l'aiguille d'un cadran d'horloge ; l'un des bouts de cette aiguille, terminé en fleur de lis ou en flèche, finit par s'arrêter sur une des cases (ou compartimens) pratiquées en rond sur la table ou le carton. Celui qui a tourné ou fait tourner l'aiguille pour lui ramasse le *lot* qui se trouve sur cette case. Ce jeu n'est pas propre à être joué par des enfans seuls; il serait un sujet infaillible de querelles; mais il peut être fort récréatif si la personne qui préside à leur réunion sait composer les lots de manière que chacun d'eux soit satisfait ou à peu près, et ce n'est pas une petite affaire. Il est bon de recourir à ce jeu dans un jour de fête, lorsque l'on veut procurer aux enfans quelque plaisir extraordinaire. L'espoir du meilleur lot, les divers sentimens de peine et de plaisir qu'éprouvent les joueurs pendant que tourne l'aiguille, les échanges de lots, tout cela est fait pour procurer un passe-temps agréable à la jeunesse; mais il est prudent de n'offrir à sa cupidité que des friandises ou des joujoux, sans jamais permettre qu'elle joue de l'argent.

Les enfans dans leurs promenades sont assez souvent suivis de marchands d'oublies ou petits plaisirs, espèce de pâtisserie cuite entre deux fers plats, de la consistance d'une feuille de papier, et roulée en cornet. Pour hâter le débit de ces petites friandises, renfermées dans des boîtes cylindriques, les marchands les mettent en loterie au moyen d'une aiguille de fer placée sur le couvercle, divisé en divers compartimens; chaque compartiment offre un lot plus ou moins fort; de façon qu'on ne perd jamais entièrement la modique pièce que l'on donne pour avoir le droit de faire tourner l'aiguille.

FABLE VI.

La Loterie.

Par un beau jour de canicule,
Autour de ce plateau que surmonte un cadran,
  Trois beaux enfans, le petit Jule,
  Henri, Justin, et la bonne maman,
  De l'humble aiguille qui circule
  Suivent le brusque mouvement.
  Tout coup gagne, et patiemment
  Nul acteur cependant n'espère,
  Car la flèche triangulaire
En s'arrêtant peut désigner des lots
    Petits ou gros.
Là sont, au plus grand cercle, en six cases rangées,
  Gimblettes, brioches, dragées,
  Déjà par tous les concurrens
  En esprit aux trois quarts mangées;
De plus gentil chapeau qui sort un peu des rangs.
1.

Me faut-il vous peindre la joie
Des bienheureux à qui le sort envoie
  Le sucre d'orge ou le gâteau,
  Et faut-il aussi que l'on voie
  Du castor le maître nouveau
  Cachant, honteux, sa maigre proie?
Tout ce qui plaît ne dure pas, dit-on.
  Au déchu la comparaison
  Ne donna point longue souffrance :
A peine des bonbons restait-il souvenance,
  Quand sous le nuage obscurci
  L'éclair brille; Eurus se mutine,
  Et la foudre murmure aussi.
Vers le logis en hâte on s'achemine;
Mais bien plus vite arrivant la bruine,
Mémoire vient à Jules du chapeau :
    3

— Hé, dit-il, j'ai de quoi me garantir de l'eau. —
Puis il rêve; en avant aperçoit une pierre,
Court, monte, et va couvrir la tête de sa mère.
Oh qu'il était content! Des frères du marmot
Pas un, pas un alors qui n'enviât son lot.

    Dans cette grande loterie,

Ce vrai jeu de hasard que l'on nomme la vie,
    Parmi tant de lots différens
Chacun de nous ainsi ne veut que les friands :
    Telle part est souvent funeste :
Recherchons peu des biens qu'on a si peu de temps;
    Le bon lot est celui qui reste.

L. F.

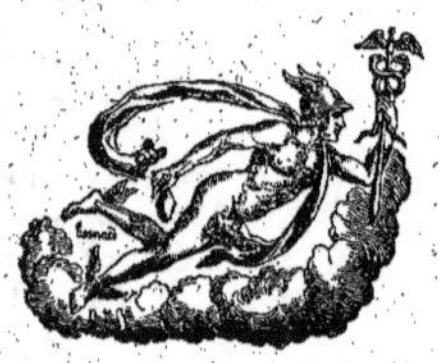

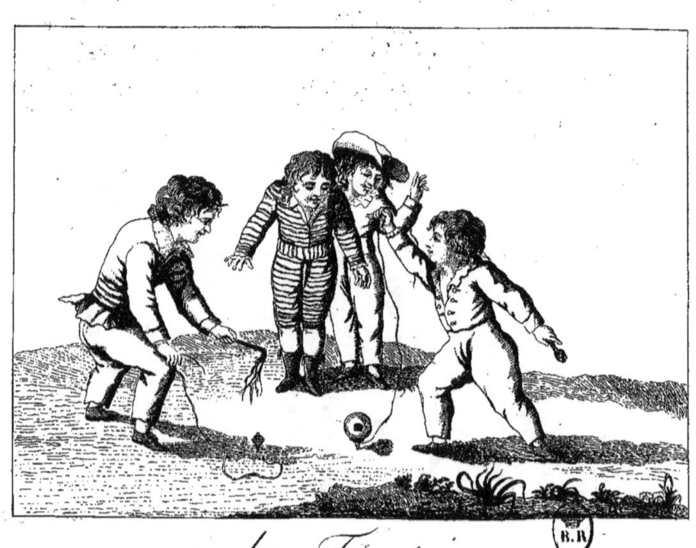

la Toupie.

A Paris, Chez, Noël, J.re Graveur, Rue des Noyers. N.o 47.

V.

LA TOUPIE D'ALLEMAGNE.

La Toupie d'Allemagne est un morceau de bois de chêne ou de buis façonné en forme de poire; elle est creuse; les plus grosses ont quelquefois près de cinq pouces de diamètre; sur le côté est une ouverture ronde assez large; la tête est munie d'un gros clou à tête ronde. On tortille à l'entour de la queue une ficelle de fouet; on fait passer la queue dans une espèce de clef de bois; à l'un des bouts de la ficelle est fixé par le milieu un morceau de bois de deux pouces de long; la ficelle est passée à travers une petite ouverture faite exprès dans un des côtés de cette espèce d'anneau. Celui qui veut jouer tient d'une main le petit morceau de bois, de l'autre le manche de la clef, et à l'instant même il écarte vivement ses deux bras; la corde se dévide fort vite, chasse la Toupie hors de la clef, et la jette à terre sur sa tête ; sa rotation produit un ronflement assez fort, et dure plusieurs minutes.

Le Sabot est un morceau de bois de trois pouces de haut sur deux pouces de diamètre ; il est de forme cylindrique sur la moitié de sa hauteur ; l'autre partie est façonnée en cône, dont l'extrémité est garnie d'un clou. Le jeu consiste à le faire tourner avec un fouet garni d'une seule lanière. Ce jeu donne beaucoup d'exercice ; il est très-amusant quand on le joue à deux, car alors c'est à qui fera faire au Sabot plus de chemin en moins de coups.

FABLE VII.

La Toupie d'Allemagne et le Sabot.

Au Sabot la Toupie un beau matin faisant
  Une querelle d'allemand,
  Lui disait ces dures paroles :
  —Que viens-tu de tes cabrioles
  Interrompre mon doux repos ?
Ai-je besoin d'aller, au gré de têtes folles,
  Comme toi par monts et par vaux ?
  Sous le fouet de ces vils marmots

Traîne une existence brusquée :
La mienne, j'en conviens, me fut communiquée ;
Mais depuis j'agis seule, et fais ici, je croi,
  Quatre fois plus de bruit que toi. —
L'humble Sabot, quoiqu'il eût de la veille
  Trois clous dorés sur chaque oreille,
  Trouvait, à part certains mots peu décens,
  Que la Toupie avait quelque bon sens ;

Mais lorsqu'en un moment il vit la dame fière
  S'en aller de vie à trépas,
  —Hé, hé, dit-il, cette lanière
  Fait que sitôt je ne meurs pas. —

La Toupie au gros ventre est la paresse altière :

Nous sommes le Sabot, qui, parfois un peu las,
  Voudrait bien aussi ne rien faire :
Le fouet c'est la raison ; sans ce maître sévère,
  Mes amis, aucun de nos pas
  Ne marquerait dans la carrière.

                                       I. F.

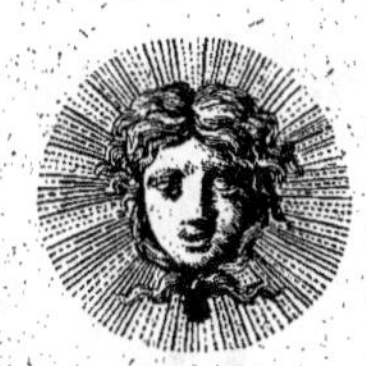

VI.

LE VOLANT.

LE Volant est un petit morceau de liége taillé en demi-globe, couvert de peau, où l'on fait entrer de petites plumes que l'on dispose en forme de calice. Deux personnes, placées chacune dans un angle opposé d'un appartement, se le renvoient à l'aide d'une raquette, dont la forme est bien connue. L'adresse consiste à tenir ce Volant suspendu en l'air le plus longtemps possible. Ce jeu se joue en plein air quand le temps est beau, et dans les appartemens en toute autre circonstance.

Les Français, toujours industrieux, viennent d'inventer une variété du Volant ; l'instrument dont on se sert est un manche terminé en forme de cornet : il faut avoir beaucoup plus d'adresse pour le recevoir ainsi qu'avec la raquette ordinaire.

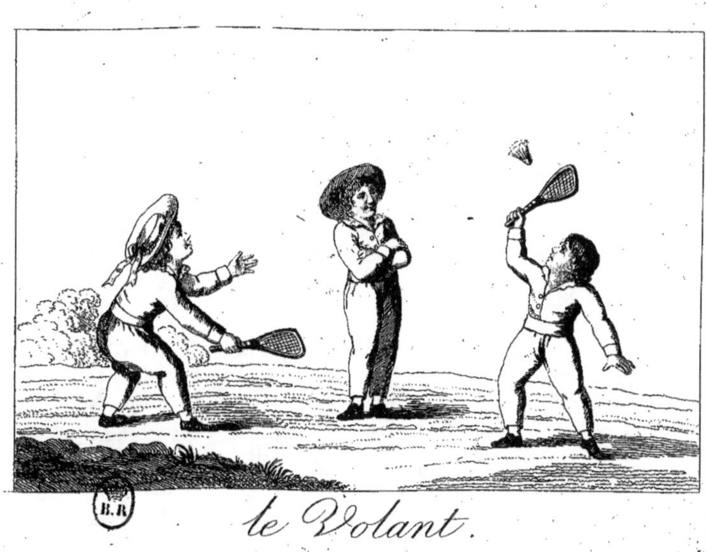

le Volant.

A Paris, Chez Noël, J.ne Graveur, Rue des Noyers N.º 4.

Ce jeu est adopté partout, et n'est pas du goût des seuls écoliers; il n'y a guère de maisons où l'on ne trouve des raquettes et un Volant. La reine Christine aimait à jouer à ce jeu, et se plaisait à y faire jouer les plus grands personnages de sa cour.

FABLE VIII.

Le Volant et l'Enfant.

Il est bien que l'enfance entreprenne et qu'elle ose;
  Mais en tout l'excès n'est pas bon.

  Monsieur Fanfan sait prendre un papillon,
    Et croit n'ignorer nulle chose;
A l'entendre, surtout c'est au jeu de Volant
    Qu'il est savant.
  — Voyons un peu cette haute science, —
    Dit le grand-oncle, fin joueur.
Une salle est choisie; en place est chaque acteur,
    Et la partie enfin commence.
Au premier coup le Volant est à bas:

C'est qu'il faut être prêt; Fanfan ne l'était pas:
    Au second le jour l'incommode.
— Changeons. — Même succès. — D'après votre méthode
    J'ai voulu jouer, voyez-vous;
Je le ferai, s'il vous plait, à ma mode,
    Et je suis sûr de tous mes coups.
  — Oh! pour cela liberté tout entière.
Mais quoi, l'oiseau-bouchon n'en va pas moins à terre!
    — Convenez-en, il est trop fort aussi
    Pour aller comme il faut ici. —
    Au liége épais un plus léger succède.
La raquette est bien lourde à présent. — Qu'on me cède

LES JEUX

Celle-ci.—Quoi?—La vôtre, et je vais vous lasser.
 —La voici.— De son mieux il guette
 Le Volant, qui s'en vient passer
 Au beau milieu de sa raquette.
Il regarde, ô surprise! et ne voit au cerceau

Pas un cordeau.
—Quoi! c'est avec ce bois...—Hé oui vraiment! Ecoute;
De son talent joueur qui doute
Ne donne pas dans le panneau.

L. F.

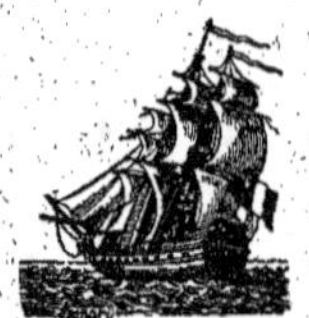

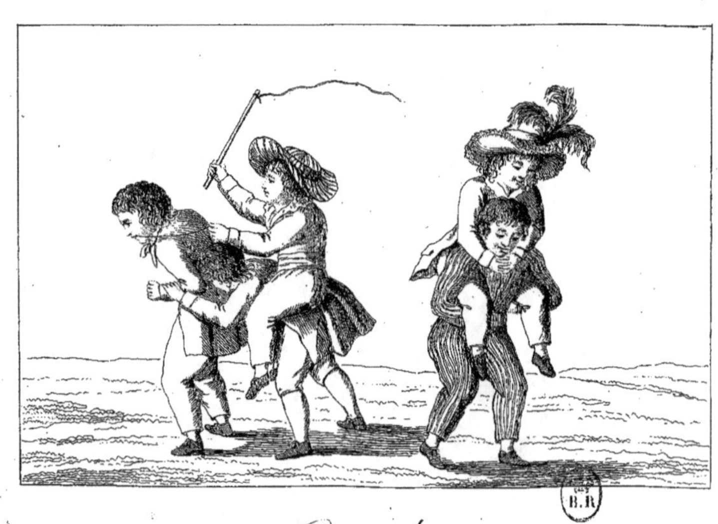

à Cocochet

A Paris, Chez Noël J.ne Graveur, Rue des Noyers, N.º 47.

VII.

LE COCOCHET.

Ce jeu est tout expliqué par la gravure qui le représente. Ce plaisir consiste en ce qu'un jeune enfant est porté par les deux autres, dont l'un a un fil léger passé dans la bouche pour figurer la bride d'un cheval : quand il n'y a que deux enfans ils se portent chacun à leur tour, mais d'une manière différente que dans le premier cas.

FABLE IX.

La Poire gagnée au Cocochet.

Magloire, Eloi, je donne cette poire
A qui des deux, de l'arbre que voilà,
Sera plutôt à mes pieds. — Cher Magloire,

Dit le cadet, tu cours mieux : pour cela
Point ne courrai. Tu perds la poire entière.
Mais faisons d'une autre manière;

1.   4

Porte-moi; tu prendras le fruit, et d'amitié
   Chacun en aura la moitié. —
   Le bon frère accepte avec joie :
  Eloi s'affourche; on part; on est parti :
   Sur Enée Anchise accroupi
   Ainsi quittait les murs de Troie.
 A près vingt pas, quand le cavalier fut
    Non loin du but,
— Hé, dit-il au cheval, hé, je sens que je tombe:
  Fais qu'un peu plus ton dos se bombe.
Bien. Courbe aussi la tête. — Il l'incline, et d'un saut

Juste aux pieds du papa tombe Eloi. Qui fut sot?
   On le devine. Mais le père :
— C'est au seul ouvrier qu'appartient le salaire :
   Sans en rien donner à son frère,
   Le porteur aura ce fruit-là. —
   Magloire, piqué, le mangea.

   Partout il conviendrait peut-être
   Qu'on fît bonne justice ainsi;
Mais que d'Elois plus fins que celui-ci
  Savent éviter l'œil du maître!

                     L. F.

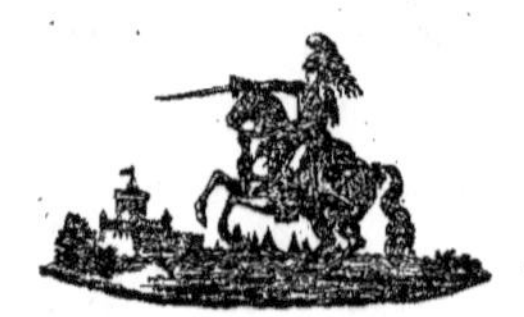

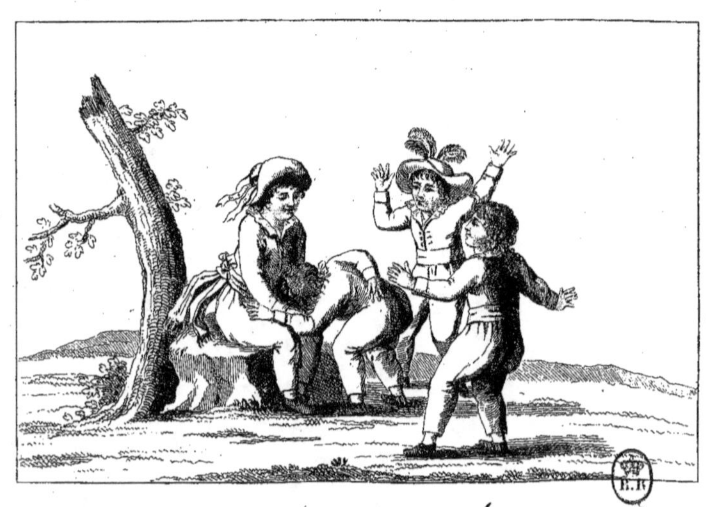

la Main-Chaude.

A Paris Chez Noël, J.en Graveur, Rue des Noyers, N°47.

VIII.

LA MAIN-CHAUDE.

Il faut être plusieurs pour jouer ce jeu, qui s'explique assez par la gravure que l'on voit en regard de cette page. Un enfant est courbé sur les genoux d'un autre, qui l'empêche de voir au moyen d'une serviette, du pan de son habit, ou d'un bandeau comme à Colin-Maillard ; il tend la paume de la main sur le dos, et de crainte qu'on n'appuie trop fort, il est prudent de la tenir le plus bas possible et bien ouverte ; un des joueurs frappe l'aveugle ; il faut, quand on l'a rendu à la lumière, qu'il devine qui l'a frappé ; s'il accuse juste le joueur désigné prend sa place, sans quoi il lui faut encore tendre la main.

Ce jeu est fort en usage dans les vaisseaux ; les gens de l'équipage se réunissent dix à douze ; ils tirent au sort, et celui sur qui le sort tombe appuie sa tête sur le grand mât, mettant sur son dos une de ses mains ouvertes ; ses compagnons viennent par-derrière l'un après l'autre frapper de toute leur force sur la main ouverte; ce que l'on continue jusqu'à ce que le patient ait deviné celui qui l'a frappé, lequel prend sa place. On doit présumer que des matelots n'y vont pas, comme on dit, de main morte; aussi il n'y a que des mains comme les leurs qui puissent résister aux rudes tapes qu'ils s'appliquent; mais comme nous écrivons pour les enfans, nous leur recommandons de n'admettre à leur jeu que des enfans du même âge et de la même force qu'eux.

C'est sans doute par une réminiscence de la Main-Chaude qu'un domestique du grand Turenne, voyant quelqu'un à la fenêtre la main derrière le dos, lui appliqua une vigoureuse tape; mais quelle fut sa surprise de voir qu'il avait frappé sur la main de son maître! — Hé pourquoi donc m'as-tu frappé ainsi? lui dit le maréchal. — Parce que j'ai cru que c'était Jacques, le palefrenier. — Parbleu, répliqua Turenne, quand c'eût été Jacques, il ne fallait pas frapper si fort. —

FABLE X.

La Main-Chaude.

Oh combien j'aime la main chaude!	L'un, gros et fort, cache son jeu;
En ne donnant rien qu'une chiquenaude,	Pour faire mieux prendre le change,

L'autre feint la colère ou simule un adieu ;
En ronfleur celui-ci dans un recoin s'arrange :
   Mais point de joueur plus malin
   Que ce petit fluet d'Urbain ;
C'est un diable s'il frappe ; après le coup un ange ;
   Calme, serein au même lieu,
   Et vous flattant de son œil bleu,
   Voire au soupçon le masque échappe.
   —Papa vient ; tâchez qu'on l'attrape.
—Tu joûras avec nous ?— Soit.—Des lois informé,

Il touche, et par un signe à l'aveugle est nommé.
   C'est son tour de baisser l'échine :
   Le fourbe, qu'aucun ne devine,
De tout son bras appuie, et prend sa douce mine.
Le père se retourne : — Urbain, dit-il, c'est toi.
—Vous l'avez reconnu ? Mais à quoi donc ? — A quoi ?
Rarement du plus fort vient la plus dure tape ;
   Maint doucereux déjà m'y prit.
Ah ! n'apprenez qu'au jeu que celui qui vous rit
   Est souvent celui qui vous frappe.

                   L. F.

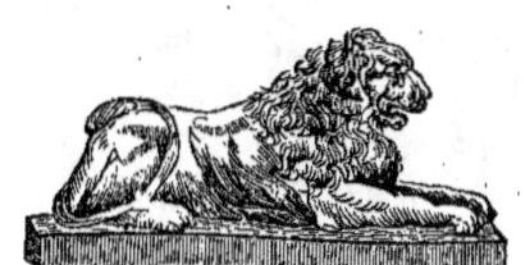

IX.

LES QUATRE COINS.

Ce jeu, fort simple, n'est point sans intérêt. Il se joue à cinq personnes, dont quatre occupent les quatre coins d'une chambre, ou quatre arbres dans une allée, etc.; la cinquième se place au milieu, et reçoit le nom burlesque de *pot-de-chambre :* cette dernière, qui se trouve sans place, cherche à s'emparer de celle d'un des joueurs, qui en changent continuellement entre eux; si elle vient à bout de se saisir d'une place vacante, celui qui l'a perdue devient à son tour le pot-de-chambre. Il faut que chaque joueur lise dans les yeux des autres leurs projets, afin de n'être point trompé par de perfides appels; il faut savoir calculer les vitesses et les distances, pour arriver à temps au poste dont on veut s'emparer; il faut surtout que celui que le sort a placé dans le milieu, et qui cherche à en sortir, ait recours à mille ruses pour parvenir à son but; c'est une espèce de pri-

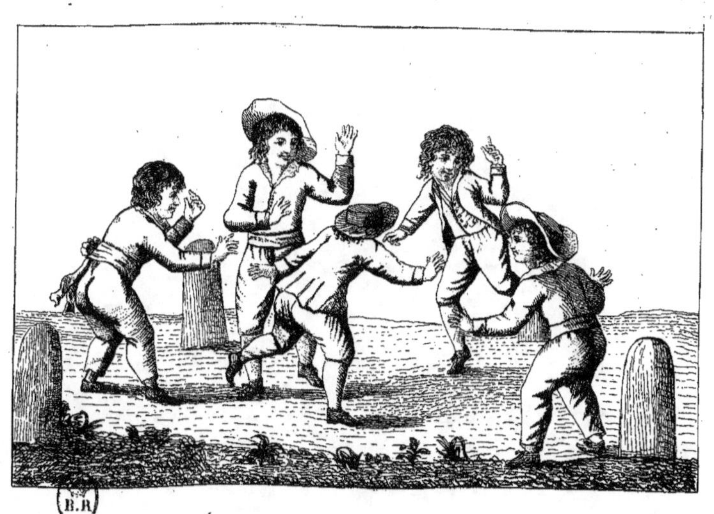

les quatre-Coins.

A Paris, Chez Noël Jne Graveur, Rue des Noyers, No 47

sonnier, qui ne devra sa liberté qu'à son adresse. Du reste il n'y a dans ce jeu aucun
risque, aucun danger pour les enfans ; il est propre aux deux sexes.

> A ce jeu, comme ailleurs, gardez-vous de quitter
> Une *place* qu'un jour vous ne pourriez reprendre :
> Ici plus d'un joueur cherche à vous supplanter ;
> Tenez ferme, et jamais ne vous laissez surprendre.

FABLE XI.

Les Quatre Coins.

Aux quatre coins depuis quelques instans
  Jouaient cinq marmots bien contens.
—Allons, Thomas, viens donc prendre ma place.—
Mais Thomas, pris tout à l'heure à la nasse,
Faisait le sourd, et quand chacun changeait,
  De son arbre point ne bougeait.
A mi-chemin un plus hardi le somme :
Nouveau refus. Plus de jeu, quel malheur !
Lorsqu'un bambin, qui fait le majordome,

Apostrophant soudain un spectateur,
  —Venez, dit-il, vous ; vous êtes un homme.—

Sans malice l'enfant fit ce choix ; mais en somme
  Nous avons ses goûts, ses besoins.
Qu'est-ce que ce bas monde ? Un jeu des quatre coins,
Où chacun va courant de sa place à la vôtre ;
  Et tel qui, bien las, fronde l'autre,
  N'a pas toujours changé le moins.

                       L. F.

X.

LES TRAINEAUX.

LE Traîneau est un assemblage de pièces de bois en forme de voiture sans roues, et
qui sert à transporter des ballots et même des voyageurs. Dans la Laponie et les autres
contrées septentrionales de l'Europe ce sont presque les seuls moyens de transport : pour
les voyageurs un arbre creusé en fait tous les frais; le pélerin s'enfonce dans cette étroite
prison, s'abandonne à la conduite d'un renne (espèce de cerf d'une vitesse merveilleuse),
et franchit ainsi jusqu'à cinq lieues de pays par jour, sur des plaines immenses de neiges
et de glaces. Chez nous les Traîneaux sont des voitures de luxe pour le temps des gelées;
on les enrichit des plus beaux ornemens : les enfans, toujours singes des enfans plus vieux,
les ont adoptés pour leurs divertissemens particuliers. Ce jeu consiste à faire glisser avec
rapidité, sur la glace ou sur la neige endurcie, cette voiture légère; à devancer ceux

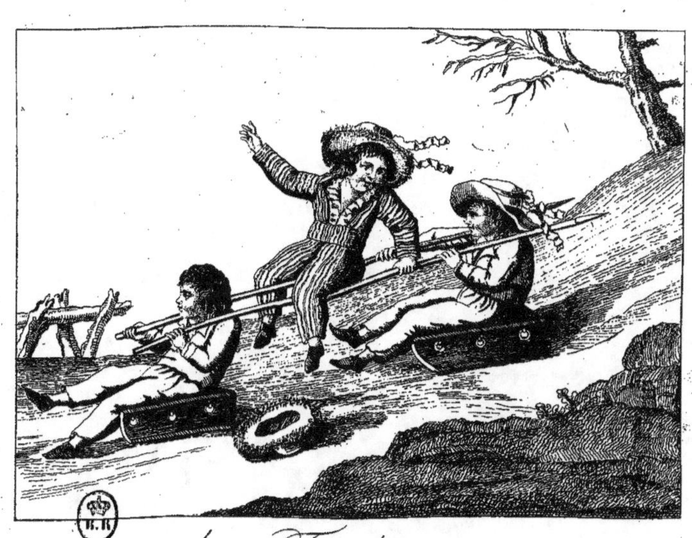

les Traineaux.

A Paris, Chez Noël, M.d Graveur, Rue des Noyers. N.º 47.

qui vous précèdent, à les heurter dans leur course, etc. Ces ruses innocentes procurent
un exercice salutaire; mais ce jeu demande un âge un peu raisonnable. Dans l'automne,
à la chute des feuilles, on voit des enfans se faire des Traîneaux qui les amusent beaucoup : un bâton tenu par deux cordes est traîné dans les bois ou les allées; il ramasse
un gros tas de feuilles; un enfant se met dessus, et ses camarades le voiturent ainsi.

> Mondor sur son Traîneau, fier comme un Alexandre,
> Vole, et brave, orgueilleux, les mortels étonnés :
> Las! un caillou caché sous la neige trop tendre
> Culbute son carrosse, et lui casse le nez.

FABLE XII.

La Glissoire.

—A quoi pensait notre frère Grégoire
Quand de poussière il couvrit la glissoire?
Ne peut-on plus se réjouir ici?
Glissons, amis, puisque nous y voici. —
Ainsi fut fait, et des bons camarades
Les lourds sabots tant firent de passades,

Qu'abandonnée au plutôt vers le soir
La glace était un vrai miroir.
Or l'heure avance où d'ordinaire
Du beau glisseur, Jean, le petit cousin,
Le bien-aimé, revenait chez son père;
L'heure où chacun dans le cellier voisin

1.   5

Vient dire à l'autre avec mystère
Tous ses plaisirs, tous ses chagrins.
Pierre, inquiet, déjà s'impatiente;
Mais il entend son cher Jeannot qui chante...
Qu'est-ce? Un bruit sourd, des cris perçans
Ont suspendu ses gais accens :
Pierrot y court, et voit sans connaissance
Ce bon Jeannot, l'ami de son enfance,
Couché sur le ruisseau glissant.
Il le soulève en l'embrassant :
Oh que sa douleur est amère!

Comme il maudit ce jeu qui le charmait naguère!
Jean cependant, pressé contre son cœur,
N'avait eu de mal que la peur;
Il ouvre les yeux, et s'étonne
De trouver Pierre au désespoir.
Chut; voici le grand frère, et la leçon qu'il donne :
—A votre âge, amis, on pardonne
Tous les jeux; mais il faut bien voir
Dès le matin si vers le soir
Ils ne pourront nuire à personne. —

L. F.

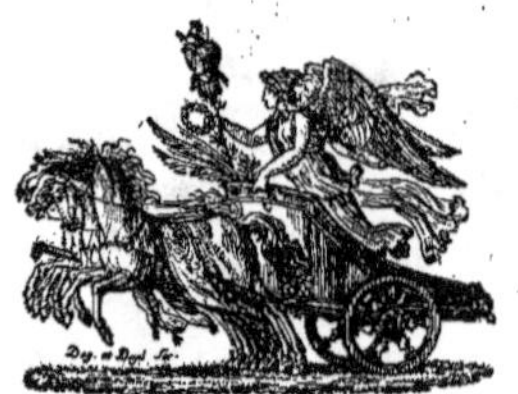

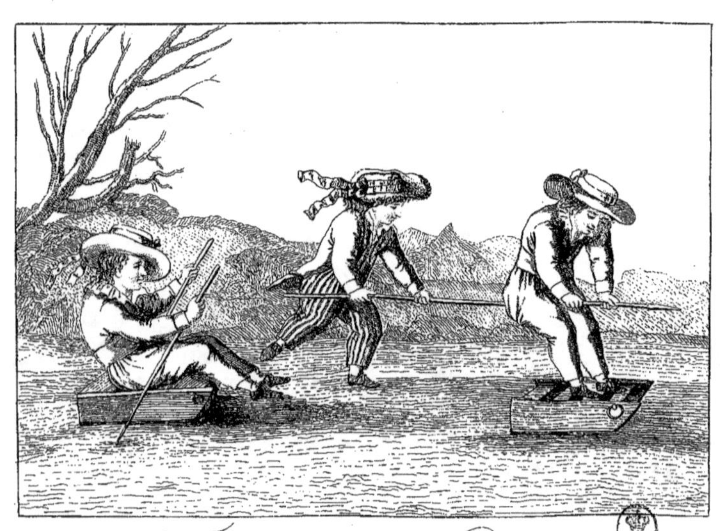

Traineaux à Piques.

A Paris, Chez Noel, Jne Graveur, Rue des Noyers, N° 47.

XI.

LES TRAINEAUX A PIQUES.

C'est une variété du Jeu des *Traîneaux :* la simple inspection de la planche ci-jointe indique suffisamment la manière d'y jouer ; on peut d'ailleurs varier à l'infini les pratiques usitées pour mettre en train ces glissans équipages. Mais on ne saurait trop recommander la prudence dans tous ces exercices, dont le théâtre n'est point assez solide : les chutes sur la glace sont dangereuses, et d'autant plus désagréables que le rire amer de tous les voisins vous poursuit et vous déconcerte : on rira toujours aux dépens des maladroits.

FABLE XIII.

Les Traîneaux à Piques.

Tapi dans un gros arbre creux,
  Au sein de la neige durcie
Que parcourent d'un pied tous ces enfans joyeux,
De cœur à leurs plaisirs un vieillard s'associe, ,
  Non sans trembler souvent pour eux.
  En ce moment s'offre à ses yeux,
  Au sommet du côteau rapide,
Gentil enfant, de ce Traîneau seul guide ;
En chaque main est un fer acéré
Qui, des deux parts s'appuyant en arrière,
  Donne à la voiture légère
  Un mouvement accéléré ;
Mais ce moyen, dans la plaine assuré,
  Sur le côteau ne convient guère :

L'enfant l'ignore ; il suit sa règle coutumière.
  Bientôt sur le glissant chemin
  Le Traîneau vole un si grand train
Qu'aux ris chez le marmot déjà l'effroi succède ;
Il se désole, aux cieux lève un bras suppliant,
  Et le vieillard de lui crier : — Enfant,
  Tu tiens le mal et le remède ;
  Pique tes deux fers en avant. —
Ce conseil le sauva : l'avis manque souvent.

Voulez-vous éviter la dure culebute,
Sachez avant partir comme on peut s'arrêter ;
Il est rare d'avoir pour adoucir la chute
  L'instrument qui nous fit monter.

L. F.

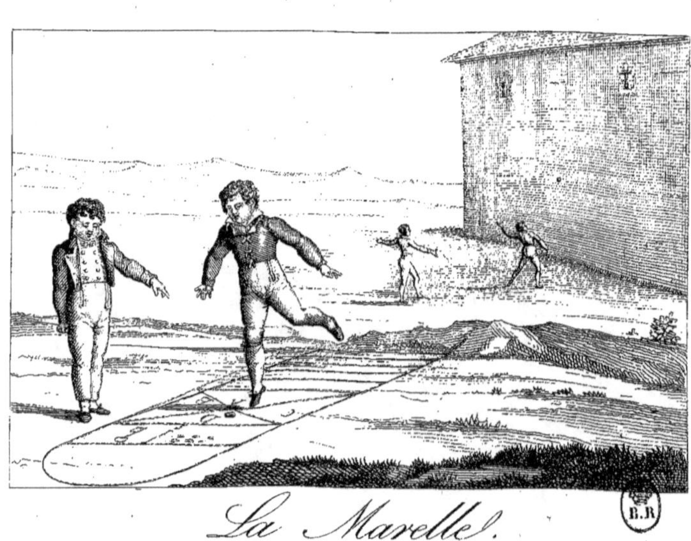

La Marelle.

XII.

LA MARELLE.

CE jeu se joue le plus communément à deux. Le joueur jette un palet dans la première case, y saute à cloche-pied, et du pied sur lequel il se tient pousse le palet hors de la case, sans marcher sur les raies (circonstance qui le forcerait à laisser jouer son camarade); il jette ensuite le palet dans la seconde case, et le fait sortir de la même manière, en repassant par la première; il peut même le chasser d'un seul coup, pourvu qu'il traverse les deux cases; de là il passe à la troisième; ensuite à la quatrième; à la cinquième case, nommée *reposoir*, il a le droit de se remettre sur ses deux pieds, et de jeter son palet avec la main par-dessus les autres cases. Après l'avoir jeté dans le triangle A il peut d'un seul coup de pied le faire passer par-dessus toutes les cases, ou l'envoyer dans la case cinquième; là il lui est permis de se reposer avant de le faire sortir de la Marelle;

pour les cases B, C, D, il doit faire passer le palet dans la case précédente, et ne pourra le jeter d'un seul coup de pied que dans le triangle A ou dans le *reposoir;* il a de plus, pour se rendre à la case D, le droit de se reposer en mettant un pied dans le triangle B, et un autre dans le triangle C; il jette ensuite son palet dans la case où est figurée une clef, et fait comme avant : de même pour la case suivante, où sont figurés les ronds. La dernière case demi-circulaire, nommée le *paradis,* lui donne le loisir de se reposer, et le droit ou de faire sortir le palet de la Marelle comme avant, ou de le chasser du demi-cercle en trois coups de talon, ou bien encore d'un seul coup de pied par-dessus toutes les cases de la Marelle, pourvu que, le coup de pied donné, il se retrouve à cloche-pied, et parcoure ainsi toutes les cases. C'est avoir gagné que d'avoir fini la Marelle plutôt que les autres.

FABLE XIV.

Les Cailloux et les Enfans.

Dans le fond d'un jardin tranquille,
Loin du bruit et loin de la ville,
Dormaient des Cailloux entassés :
Deux enfans troublent leur asile;

Leurs beaux jours, hélas, sont passés!
Nos marmots font une Marelle,
Et, la dessinant à leur gré,
En crayonnent chaque degré.

De loin jetant les yeux sur elle,
Voilà les Cailloux en querelle :
— C'est moi qui serai préféré,
Disait chacun dans son langage;
C'est moi qui d'étage en étage
Sur la Marelle marcherai,
Et, grâce à mon heureux courage,
Jusqu'au premier rang parviendrai;
C'est moi seul, messieurs, qu'on doit prendre
Pour jouer ce rôle d'éclat. —
Nos deux enfans sans les entendre
Choisissent d'abord le plus plat;

D'un pied léger chacun le pousse :
Le fanfaron ne s'en plaint pas,
Et sourit à chaque secousse
Qui le fait avancer d'un pas.
Un vieux Caillou, couvert de mousse,
Le voyant bien loin, mais bien las,
A ses confrères dit tout bas :
— Conservez votre indépendance
Dans quelque rang que vous soyez;
Souvent l'ambitieux n'avance
Qu'en se faisant fouler aux pieds. —

FIN DU PREMIER CAHIER.

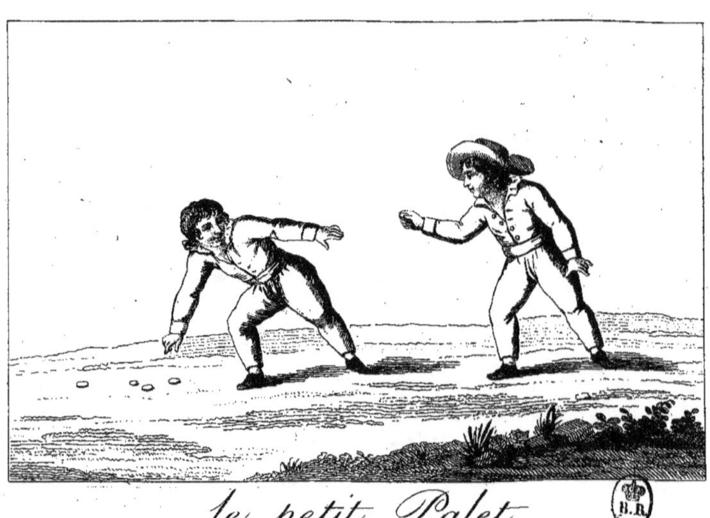

le petit Palet.

A Paris, Chez Noël, Jne Graveur, Rue des Noyers, N°47.

XIII.

LE PETIT PALET.

Ce jeu ne demande pas une longue application; c'est un amusement que l'on prend dans les allées des jardins, ou dans tout autre terrain uni; il peut récréer un assez grand nombre de personnes à la fois; il n'exige pas de grands apprêts, et exerce sans fatiguer; aussi est-il adopté par tous les âges. On y joue avec des palets de fer ou de cuivre, des écus, ou de petites pierres rondes et plates : un des joueurs jette le but, qu'on nomme *Cochonnet*, et ensuite, le plus près qu'il peut, un de ses deux palets; les autres joueurs jettent les leurs successivement : celui qui s'est placé le plus près du but gagne un point, et deux si son palet couvre le but ou y touche, ou si ses deux palets en sont voisins. Le premier qui atteint le nombre de points fixé gagne la partie. Le jeu du Tonneau n'est qu'un jeu de Palet dont les chances sont plus nombreuses.

2.   1

FABLE XV.

Les deux Joueurs.

—Au Palet voulez-vous jouer?
—J'accepte; car, sans me louer,
J'ai du jeu pleine connaissance :
Dès longtemps il a pris naissance,
Et le bien-aimé d'Apollon,
Hyacinthe, en fut la victime;
Affrèuse mort! horrible crime!
Vous le saviez? — Moi? Nenni. — Bon!
Mais vous n'ignorez pas, oh non!
Pour gagner comme il faut s'y prendre;
Comment l'avant-bras doit s'étendre,
Le dos s'arquer, et le palet,
De la main qui le tient oblique,
Aller chercher le cochonnet
Par la ligne parabolique?
—Je n'ai su mot de tout cela.
Jouons toujours, et visez là. —

De l'érudit le palet vole;
Presque au but dans la terre molle
Il vient s'abattre; mais celui
De l'écolier s'assied sur lui :
—Hé, j'en conviens, j'ai l'humeur franche,
Vous m'avez, je crois, surpassé :
Ce que c'est d'être un peu dressé
Et de savoir comme on se penche!
Je veux cependant ma revanche;
Le but sera ce gros caillou. —
Sur un large plateau de roche
De l'apprenti, qui semble fou,
Par ricochets la pierre approche,
Et se fixe au but mieux qu'un clou :
— A vous, patron. — Son disque roule,
Et, le voyant comme une boule
S'en retourner je ne sais où,

—Victoire encor! dit-il; je pense
Que mes avis sont clairs et bons :
A demain nouvelle science. —
Le disciple reprit : — Allons,
A demain vieille expérience. —

Surpris de ces graves leçons,

Plus encor de l'humble critique,
Moi je demande aux environs
Quel est l'enfant aux cheveux blonds,
Et l'autre à la mine rustique :
C'étaient, en habits de garçons,
La Théorie et la Pratique.

L. F.

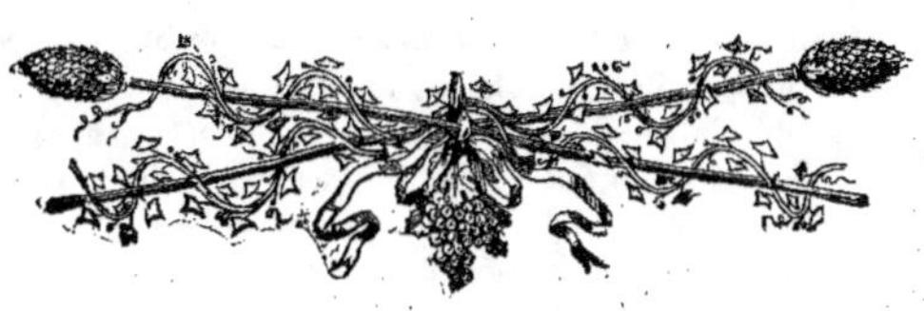

XIV.

LA RIQUELETTE.

Ce jeu, qu'on appelle aussi *Bombiche* et *Galloche*, tient beaucoup de celui du *Palet;* la différence est que dans la Riquelette le but est un bouchon de liége, ou tout autre corps à peu près semblable, sur lequel on place des pièces de monnaie. Il faut avoir assez d'adresse pour renverser le but et se placer entre ce but et la monnaie éparpillée ; on doit encore tâcher de se placer bien près de la Riquelette, pour profiter de sa chute, car dans ce cas chaque palet gagne l'argent qui est plus près de lui. On recommence ainsi jusqu'à ce que tout l'argent soit gagné, ou bien chacun fait une nouvelle mise, que l'on joint à ce qui reste. Il serait bon de ne laisser jouer que de petites pièces de monnaie de la moindre valeur, et d'exiger que tout le gain fût mis en masse pour payer un *régal* à tous les intéressés ; il suffirait, pour laisser un léger appât à l'émulation,

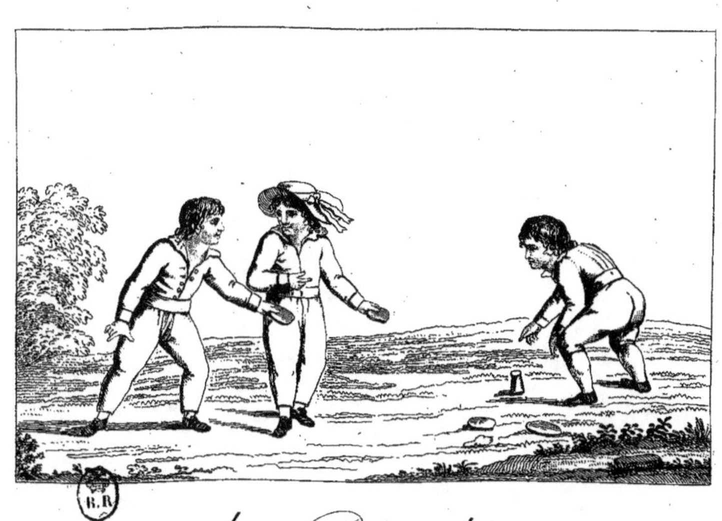

la Riquelete

A Paris, Chez Noël Jne Graveur, Rue des Noyers, No. 47.

d'autoriser les gagnans à prélever sur leurs gains de quoi remettre au jeu pour le coup suivant ; le surplus entrerait dans la bourse commune : on ne saurait s'y prendre trop tôt pour éloigner du cœur des jeunes gens l'amour d'un sordide intérêt, source de mille bassesses.

FABLE XVI.

L'Orgueil puni.

ARMAND dit à Dormeuil : — Viens prendre une leçon :
Mets cinq sous ; j'en mets dix sur ce léger bouchon,
Et malgré que ma mise offre double avantage,
    Le total sera le partage
De celui qui du but le plus approchera,
Et si, lorsqu'un de nous au loin le chassera,
    La monnaie est éparpillée,
    Chacun alors ramassera
    La pièce qui dans sa volée
    Plus près de son palet sera. —
Dormeuil accepte, et son palet novice

Du bouchon assez loin se glisse :
L'adroit Armand ramassait les enjeux
S'il n'eût voulu faire alors le fameux ;
Viser plus près lui parut trop facile ;
Aux yeux des écoliers qui font cercle autour d'eux
Ce n'est pas se montrer suffisamment habile ;
C'est à chasser le but qu'aspire son grand cœur :
    Il réussit, mais le malheur
Est qu'avec son Palet roule au loin la bombiche :
    De ses dix sous Dormeuil se voit plus riche.
    Si l'on prit la revanche ou non,

C'est ce dont je ne tins pas compte.
Lecteur, fais comme moi; mais de ce petit conte
    Tirons au moins cette leçon :
    Trop d'adresse est souvent nuisible;

De quelque orgueil que l'on soit susceptible,
    Quand de son talent l'on est fort
    Vouloir briller est souvent un grand tort.

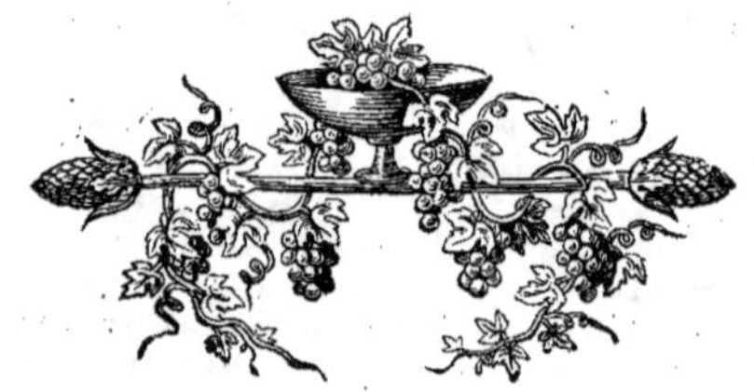

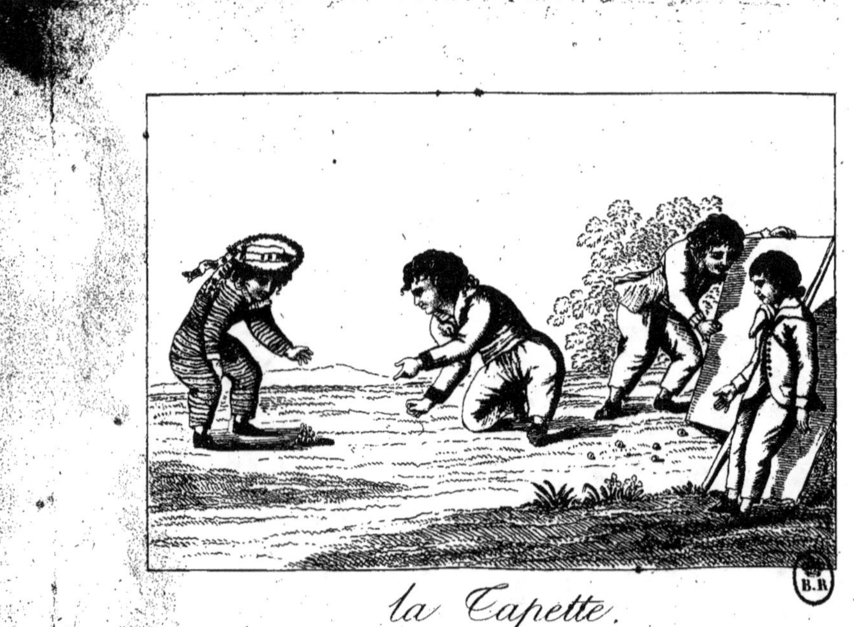

la Capette.

A Paris, Chez Noël, J.ne Graveur, Rue des Noyers, N.° 67.

XV.

LA TAPETTE.

Quoiqu'on puisse réunir un plus grand nombre de joueurs, deux personnages suffisent pour ce jeu, fort peu compliqué. Le premier lance contre un mur, et mieux encore contre une pierre polie, une bille de pierre ou de marbre; cette bille roule sur un terrain uni préparé à cet effet : le second joueur frappe la pierre à son tour, de manière que sa bille aille toucher celle de son adversaire; s'il y réussit il gagne cette bille : dans le cas contraire il laisse sa bille à terre; l'autre joueur joue à son tour, et ainsi de suite jusqu'à ce que la bille lancée contre la pierre ait touché une ou plusieurs de celles qui ont été lancées auparavant. Toute bille ainsi touchée appartient à celui qui a *tapé*. On voit que ce petit jeu demande encore quelques combinaisons, et qu'il est d'ailleurs très-facile d'y jouer en tout temps.

On peut encore élever des pyramides de billes, et autant on en renverse avec une bille lancée d'un but donné, autant on en gagne.

FABLE XVII.

L'Enfant et la Pierre qui parle.

Voyez-vous l'enfant rêver,
Cherche-t-il la solitude,
A quelque tour il prélude;
C'est l'instant de l'observer.
Paulin, qui croit s'esquiver,
Des cours franchit l'intervalle,
Et gagne la haute dalle
Où vient souvent l'écolier
A la Tapette oublier
Jupin comme Bucéphale;
Il y fait halte, et ses yeux
A droite à gauche s'assurent
S'il est bien seul en ces lieux;

Lors.il se dit : — Quand ils eurent
Tous mes noyaux deux à deux
N'auraient-ils été qu'heureux?
De ce bonheur-là je doute.
Hé bien, par la même route
Il faut arriver comme eux :
Ma main sur l'oblique pierre
Trace de façon légère
D'imperceptibles sillons
Qui mènent la bille à terre,
Et là de même manière
Elle prendra le chemin
Qu'aura réglé notre main.

Allons, Paulin, à l'ouvrage. —
Son canif est du voyage;
L'heureux succès est certain.
Il commençait, quand soudain
La dalle tremble, un chien jappe,
Et de la pierre s'échappe

Ce peu de mots : — Marche droit :
Toujours n'obtient pas qui frappe
S'il ne frappe au bon endroit;
Mais tel rit du maladroit,
Qui punit quand on l'attrape. —

L. F.

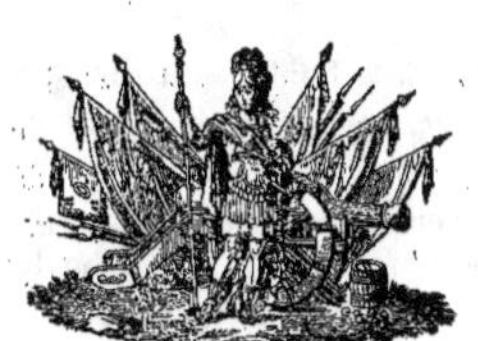

XVI.

LA BOULE ET LES BILLES.

Il y a plusieurs manières de jouer à la Boule, soit sur la terre, dans un espace uni et vaste, soit dans un carré long préparé exprès entre deux buts fixes.

Dans le premier cas les joueurs, dont le nombre est indéterminé, partagent entre eux les boules de manière à en avoir chacun deux ou trois, et règlent leur rang par le sort. Le premier roule à une trentaine de pas la plus petite boule, qui doit servir de but, et qu'on nomme *Cochonnet;* il roule ensuite une de ses boules de manière à s'approcher du but le plus possible : un second joueur vient ensuite, et cherche à se loger plus près que son adversaire; s'il y réussit il cède sa place au troisième joueur; s'il n'a pu y parvenir il roule sa seconde, et même sa troisième boule.

Quand toutes les boules sont placées le joueur qui a une ou plusieurs boules plus

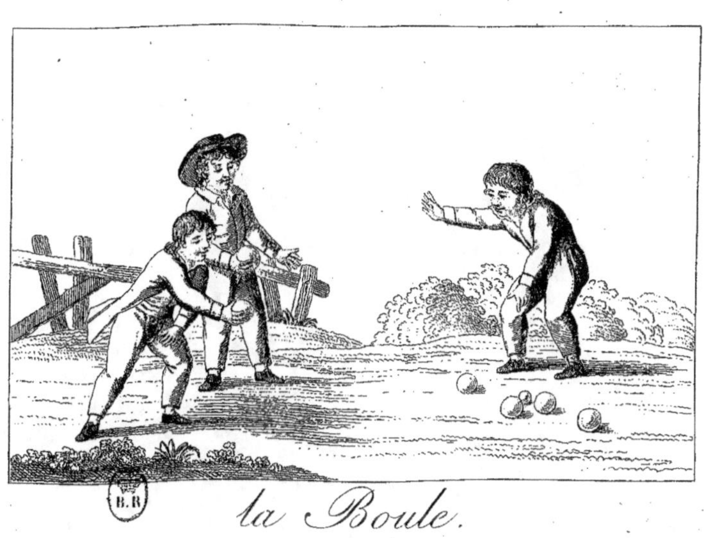

la Boule.

A Paris, Chez Noël J.te Graveur, Rue des Noyers, N.º 47.

près du cochonnet compte un pareil nombre de points. La partie consiste en une quantité
de points convenue entre les joueurs : ceux qui sont connus pour plus habiles cèdent des
points aux autres.

Le plus grand mérite à ce jeu consiste à débusquer une boule que votre adversaire a
placée entre le but et une des vôtres, ou à reculer le but lui-même, afin de le rappro-
cher d'une autre boule qui, dans un coup précédent, l'avait dépassé : cela s'appelle *tirer
la boule*. Les enfans doivent rarement se permettre ces grands coups, parce que les boules
en ce cas doivent être lancées avec vigueur, et qu'il peut en résulter des accidens.

Les Billes sont le billard des enfans : il y a une seule *blouse*, qu'on appelle le *pot;*
c'est un simple trou creusé en terre; un des joueurs, placé à une distance convenue du
pot, tâche d'y faire entrer sa bille en la roulant; s'il y parvient il compte trois, et place sa
bille à une distance du pot équivalente à la longueur de sa main : l'adversaire a le choix
ou de rouler sa bille vers le pot, ou de *caler* celle qui est placée, c'est à dire de chercher
à l'atteindre avec la sienne. Pour caler on place sa bille entre la première phalange du
pouce et le doigt index, et on la lance fortement : on compte également trois points pour
avoir calé la bille de son adversaire ou avoir mis la sienne dans le pot. La partie est de
vingt-quatre.

LES JEUX

MORALITÉ.

Au philosophe un jeu de Boule
Donne sujet de réfléchir;
Il voit dans la Boule qui roule
L'homme roulant vers l'avenir :
La Boule fuit hors de la lice
Quand elle échappe de la main,
Et l'homme court au précipice

S'il s'écarte du droit chemin.
A ce jeu, comme dans le monde,
Pour que le destin nous seconde,
Visons bien dès notre début;
Quelqu'objet qui nous fasse envie,
Pour nous assurer *la Partie*
Ne dépassons jamais *le But*.

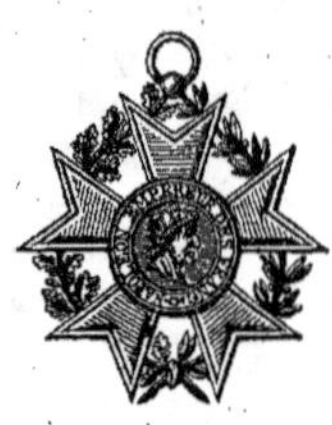

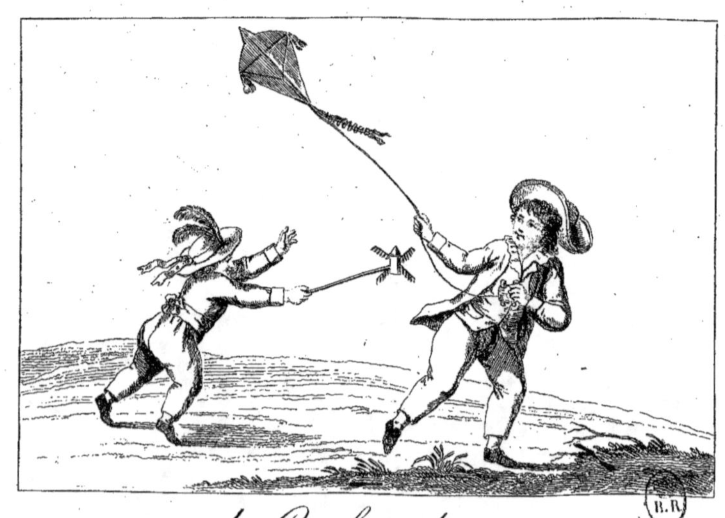

le Cerf-volant.

A Paris. Chez Noel Jne Graveur. Rue des Noyers. No. 47.

XVII.

LE CERF-VOLANT.

C'est un des passe-temps les plus agréables de l'enfance ; l'enlèvement du Cerf-Volant procure un exercice salutaire, sans exiger ces efforts pénibles et violens qui dans d'autres jeux entraînent trop souvent des inconvéniens graves.

Le Cerf-Volant consiste dans le simple appareil que voici. On choisit une baguette d'un bois sec, léger et peu flexible, longue de dix-huit pouces, deux ou trois pieds, plus ou moins, suivant la longueur que doit avoir la machine ; on attache sur cette baguette, à environ deux pouces d'une de ses extrémités, deux scions minces et flexibles, lesquels sont courbés en forme d'arc à l'aide d'un fil ou d'une ficelle qui part de chacune de leurs extrémités, et qu'on assujettit au bout opposé de la grande baguette ; la tête du Cerf-Volant,

En 1798, lors de l'immortelle expédition d'Egypte, on se servit avec avantage du Cerf-Volant pour mesurer à Alexandrie la colonne dite de *Pompée*. Cette colonne étant isolée comme celle d'Austerlitz, qu'on admire à Paris au milieu de la place Vendôme, on ne savait comment y porter une corde, afin de pouvoir ensuite y monter ; on imagina d'attacher à la queue d'un énorme Cerf-Volant une longue ficelle ; le Cerf-Volant, élevé en l'air, passa par-dessus la colonne ; on le descendit, et la ficelle resta engagée sur le chapiteau de la colonne comme sur une poulie ; on la tira par un bout, tandis que l'autre traînait à sa suite une corde plus grosse ; à cette corde en était attachée une plus forte, et enfin à celle-ci un gros cable, à l'aide duquel un matelot fut hissé au haut du monument ; il y assujettit le cable avec tant de solidité, que deux architectes français (MM. Norry et Protin) purent y gravir à leur tour, et mesurer toutes les dimensions de la colonne, qui se trouve avoir quatre-vingt-huit pieds six pouces de hauteur.

A peu près dans le même temps on faisait à Paris une autre expérience avec le Cerf-Volant ; elle eut lieu au jardin Marbœuf, sur l'avenue des Champs-Elysées. Au lieu de *courriers de cartes* le physicien faisait monter le long de la corde des *oiseaux mécaniques* d'un diamètre moindre que celui du Cerf-Volant ; ces oiseaux, parvenus à une hauteur donnée, rencontraient un obstacle ; le choc faisait partir une détente ; la détente communiquait le feu à une pièce d'artifice ; on entendait une explosion, et l'on voyait tomber à terre une liasse de papiers; l'oiseau refermait ensuite ses ailes, et retournait au point d'où il était parti.

L'auteur présentait ce moyen comme propre à transmettre des dépêches importantes dans une place assiégée, ou à communiquer de l'intérieur de la ville au dehors, en dépit de la surveillance des ennemis. L'expérience fut bafouée et sifflée, parce que l'auteur, après avoir exigé un écu de chaque curieux, n'avait pas tenu ce que promettaient les termes magnifiques de son affiche.

A la Chine presque toutes les classes du peuple s'amusent avec le Cerf-Volant; on lui donne le nom de *Grue*, parce qu'il a communément la figure d'un oiseau. Les princes et les empereurs eux-mêmes ne dédaignent point cet exercice; souvent l'empereur, tenant la corde, l'abandonne tout à coup, et l'on donne une récompense à celui qui retrouve le Cerf-Volant (1).

Extrait du Poëme de Feutry.

« Considérez le groupe de ces jeunes écoliers, qui, la bouche béante et la tête à demi-

(1) Voyez une Notice curieuse sur les Cerfs-Volans chinois dans *la Chine en Miniature*, ou Choix de Costumes, Arts et Métiers de cet empire, représentés par soixante-quatorze figures d'après les originaux inédits tirés du cabinet de feu M. Bertin, ministre d'État, par M. Breton. Cet Ouvrage, en quatre volumes in-18, vient d'être publié par M. Nepveu, libraire, passage des Panoramas, n° 26.

« renversée, contemplent un Cerf-Volant; ils sont étonnés de le voir au plus haut des
« airs le disputer à l'aigle audacieux; ils ne réfléchissent pas sur l'effet de la corde qu'eux-
« mêmes tiennent et dirigent; ils ne voient que l'élévation rapide de leur Cerf-Volant,
« qui semble ensuite planer dans la région supérieure; on dirait qu'ils ne le regardent
« qu'avec respect : mais, ô douleur! la ficelle, qui seule soutient ce nouvel Icare, cède à
« l'effort impétueux d'un coup de vent inattendu, se rompt, et l'abandonne à ses propres
« forces; bientôt il vacille, tournoie, culbute et se précipite dans un marais fangeux,
« voisin de la prairie : la petite troupe vole sur ses bords, et ne peut s'empêcher de huer
« à la vue de la bourbe dont l'objet de son admiration est couvert; les pompons dont ils
« l'ont orné, dérangés par cette chute, ajoutent encore à l'espèce de ridicule qu'ils y
« voient, et ils finissent par le fouler aux pieds et achever de le mettre en pièces. »

FABLE XVIII.

Le Cerf-Volant.

La beauté n'est que l'assemblage
De tout ce qui sied
Au sujet,

Et d'un luxe étranger le pompeux étalage
Souvent cache un défaut secret :
Prouvons-le par ce léger trait.

D'un enfant de notre village.

—Je vous en veux, père Germain;
Hier vous m'avez dit, parrain,
Voilà, filleul, que je t'apporte
Un Cerf-Volant, et des beaux. — Soit; hé bien?
—C'est qu'il est laid.—Et la preuve?—Elle est forte;
Mon cousin donc, qui m'a montré le sien:
Tiens, Jean Chenu, qu'il m'a dit, ces peintures!
　Les vois-tu? Vois-tu ces dorures?
　　　Et de fait
　　Son Cerf en avait.
—Çà, là haut ont-ils eu tous deux même fortune?
Se sont-ils élevés seulement? — Un instant;
　Nenni, parrain.—Mais si beau Cerf-Volant
　　Doit aller d'emblée à la lune;
Ce fut tout au rebours : cousin Georget venu,
　　Le Cerf ailé de Jean Chenu

Au ciel majestueux s'élance;
L'autre à vingt pas cahote, danse,
Et d'un coup de tête impromptu
Se fend en deux comme un fétu.
—Hé bien, reprit Germain, en ce moment qu'il crève,
Tu sens si l'on doit envier
Ces plaques, ces croissans, ce soleil de papier
Qu'on ne voit plus dès qu'il s'élève.
Sa beauté, filleul, la voici :
Qu'il soit bien conformé, qu'il n'ait pas trop d'oreilles,
En l'air il va faire merveilles;
A-t-il assez de queue aussi,
De tous il sera le modèle;
Et retiens ceci comme il faut:
Son grand moyen pour aller haut
C'est la longueur de la ficelle,
De qui personne ne dit mot. —

L. F.

LES JEUX

FABLE XIX.

Le Cerf-Volant et le Cerceau.

L'utile a bien son prix autant que l'agréable;
   Je le prouve par cette fable.

   Longtemps le ciel vit bons amis
Le léger Cerf-Volant et le Cerceau flexible,
Tous deux doux passe-temps d'écoliers réunis
   Après un travail plus pénible:
   Leur amitié vint à finir,
  Par je ne sais quelle cause ennemie;
   Mais enfin c'eût été folie
   Que de vouloir les réunir,
Car l'amour-propre était de la partie.
Le Cerf-Volant attaqua le premier
L'ancien ami, d'un plus doux caractère:
—Certes, dit-il, vous êtes familier,
Et j'admire vraiment cette humeur débonnaire

Qui jusqu'à vous m'avait fait déroger!
   Moi, rival de l'aigle orgueilleuse,
Qui, voguant dans les airs, inconstant et léger,
   Traverse la nue orageuse,
Et jusque dans les cieux vais braver le danger,
   Tandis que, rampant sur la terre
   Et trébuchant à chaque ornière,
Vous êtes le jouet du premier polisson,
   Qui vous mène à coups de bâton!—
Le Cerceau répondit : — Il faut que j'en convienne,
  En comparant ta fortune et la mienne
   Du sort je parais maltraité :
Ne plaise au Ciel pourtant qu'accusant sa bonté
   J'ose élever un seul murmure;
   Ce que je suis l'ai-je toujours été?
   Dans l'avenir la liqueur la plus pure,

Vrai nectar qui jadis, en mes liens pressé,
  Fut préparé pour la race future,
  Attestera mes services passés;
Que si dans ce moment j'amuse la jeunesse,
J'attiserai bientôt le feu dont la vieillesse
    Réchauffe ses membres glacés:

Ainsi, tantôt utile et tantôt agréable,
  Mon sort n'est pas si méprisable.
Pour toi tu fends les airs; mais dans ce bel essor
  Si Borée accourt en furie,
Que deviendra, mon cher, ta fierté, je te prie? —

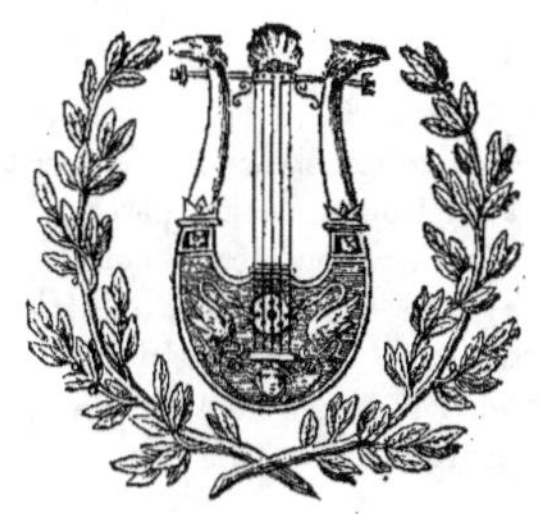

XVIII.

LE CRIQUET.

Ce jeu est peu connu en France ; on ne le joue que dans certaines provinces, où on l'appelle *la Crosse* ; il a beaucoup de ressemblance avec l'ancien jeu du Mail, qui était autrefois fort à la mode (1), mais auquel on a renoncé parce qu'il en résultait souvent des accidens graves. Un des joueurs se tient au but, lequel consiste en deux pierres éloignées d'environ un pied l'une de l'autre ; armé d'une crosse, ou bâton recourbé par un de ses bouts, il doit empêcher que son adversaire, placé à une distance convenue, ne fasse passer une balle entre les deux pierres qu'il garde ; il doit la chasser le plus loin qu'il lui est possible. Pendant que le premier court après sa balle pour essayer de nouveau de la faire

(1) La plupart des villes de province ont des promenades consistant en une grande avenue qu'on appelle *Mail*, parce qu'autrefois ce même terrain était consacré au jeu du Mail.

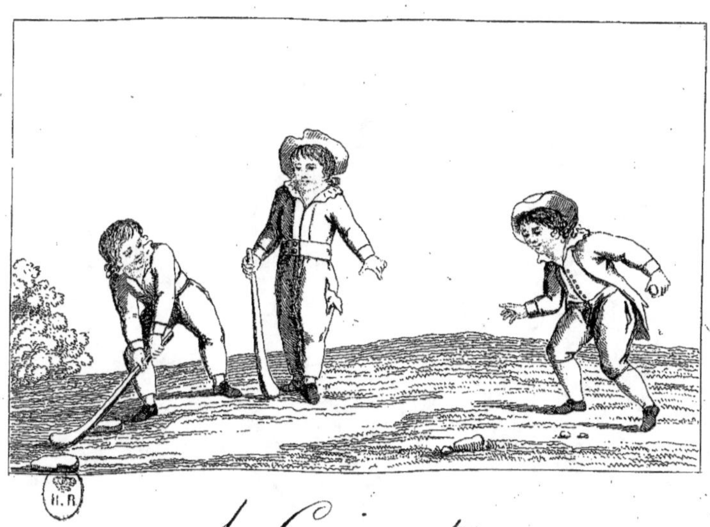

le Criquet

passer entre les pierres, le second court aussi vers un but, qu'il frappe de son battoir, et tâche de revenir assez promptement à son poste pour repousser la balle une seconde fois; si la balle passe malgré sa surveillance, il est obligé de céder la place à son adversaire.

Ce jeu ressemble à celui appelé *Bâtonnet :* un enfant, placé dans un cercle assez étroit, est armé d'un bâton de deux à trois pieds de longueur; son camarade, qui est le *servant,* tâche d'y jeter un petit bâtonnet, dont les deux bouts ont été très-amincis; celui qui est dans le cercle s'efforce avec son bâton de repousser le bâtonnet *de volée* le plus loin qu'il peut; s'il y réussit il a le droit de frapper jusqu'à trois fois le bâtonnet sur un des bouts, de façon à le faire sauter en l'air, et l'écarter à chaque fois par un second coup; il peut pour cela sortir du cercle; après son troisième coup, que le bâtonnet soit loin, qu'il soit près, il doit se retirer dans le cercle, où le servant cherche à le jeter avant que l'autre soit rentré et en état de parer; s'il y tombe le servant devient à son tour maître du cercle.

FABLE XX.

Les Deux Enfans et leur Mère.

Je n'ai jamais pu voir sans un vif intérêt
Les petits jeux dont s'amuse l'enfance;

Dans ses plaisirs et ceux de l'homme fait
Combien de traits de ressemblance!

LES JEUX

Voyez le petit Paul, alerte et l'œil au guet,
D'Auguste son servant frapper le Bâtonnet;
  Loin de son but comme il le chasse!
 Il fait fort bien, car sur le cercle étroit
S'il arrive à la fin que le bâton se place,
  De le frapper il perd le droit,
  Et de son camarade il doit
  Prendre à son tour le dur service;
  Mais plus que l'autre il est adroit,
Et sait lui procurer un fort long exercice.

Auguste enfin s'ennuie à toujours le servir;
Il va quitter le jeu; mais une maman sage,
  Qui ne veut pas si tôt les voir finir,
Donne à Paul ce conseil: — Mon ami, je t'engage
  A te laisser mettre en défaut.
En place être toujours te lasserait bientôt;
  Avec son frère il faut que l'on partage :
  De ses talens tirer trop d'avantage
  Est souvent le parti d'un sot. —

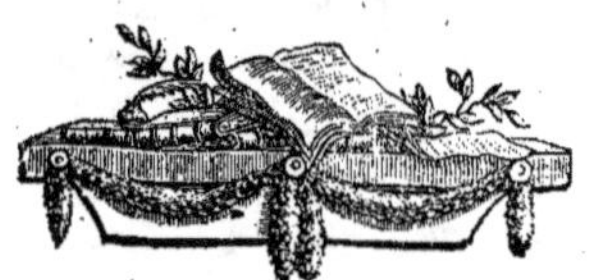

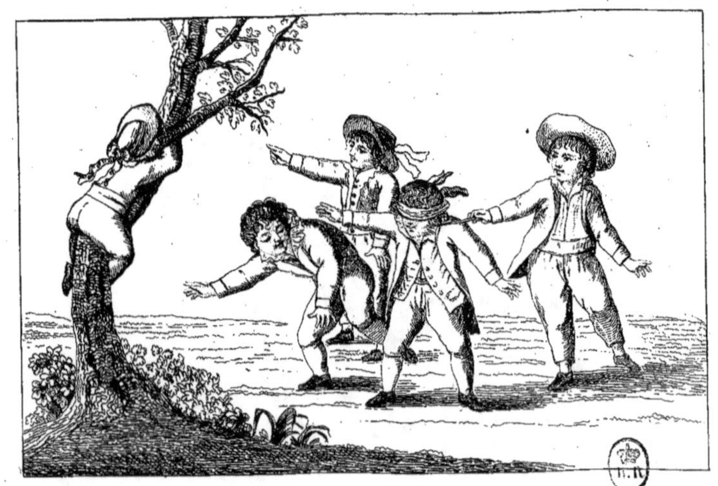

le Colin-Maillard.

A Paris, Chez Noel, J.en Graveur, Rue des Noyers, N.º 47.

XIX.

LE COLIN-MAILLARD.

Ce jeu, si connu, se joue dans une chambre ou dans une enceinte limitée ; on bande les yeux de celui que le sort a désigné, et il cherche à tâtons à saisir un de ses camarades, dont il faut qu'il devine le nom pour être débarrassé de son bandeau et se voir remplacé par celui qu'il a attrapé. Ordinairement on convient que les joueurs auront la liberté de fuir de çà, de là ; quelquefois aussi, lorsqu'on joue dans un jardin, sur un carré de gazon, avant de couvrir le front de celui que le sort a désigné, chacun est tenu de prendre un poste qu'il ne doit pas quitter ; on lui bande ensuite les yeux, et un de la troupe lui fait faire cinq à six pirouettes pour le désorienter ; c'est après cela au Colin-Maillard à tâcher de prendre quelqu'un : on a pour échapper la faculté de se rapetisser,

2.   4

de s'asseoir par terre, de prendre de l'écart ; mais il faut toujours qu'un pied ou une main touche à la place qu'on a choisie. Quelquefois, suivant des conventions particulières, les joueurs changent de poste entre eux. Une des lois importantes du jeu est d'avertir le Colin-Maillard du danger qu'il court, s'il avance ou contre la muraille, ou contre un arbre, ou contre tout corps qui peut le blesser, ou si dans le jardin il dépasse l'enceinte convenue ; on lui crie alors : *Gare le pot au noir ! Casse-Cou !*

Le grand Gustave, roi de Suède, en jouant à ce jeu avec les principaux gentilshommes de sa cour, se délassait des ennuis de la politique, et faisait ainsi diversion à ses projets sur la maison d'Autriche, dont il fut un puissant fléau.

Ce jeu d'action subit d'heureuses modifications lorsqu'on veut le jouer d'une manière moins turbulente ; on joue au Colin-Maillard assis, au Colin-Maillard à la silhouette, au Colin-Maillard à la baguette.

Pour jouer le Colin-Maillard assis la société se dispose en cercle sur des siéges qui se touchent ; quand on s'est assuré que le Colin-Maillard n'y voit pas chacun change de place pour mettre sa mémoire en défaut ; l'aveugle alors s'approche du cercle sans tâtonner, car cela lui est défendu, et s'assied sur les genoux de la première personne qu'il rencontre ; là, sans porter les mains ni sur les vêtemens ni sur aucune partie du corps, mais seulement par le tact qu'il exerce en pressant le siége qui le supporte, en écoutant les éclats de rire étouffés qu'il excite par la manière bizarre dont il doit deviner, il est obligé de dire le nom de celui sur lequel il se trouve assis.

Le Colin-Maillard à la silhouette se joue ainsi : Le Colin-Maillard, sans bandeau, est assis sur un tabouret, les yeux tournés vers une muraille, dont il est écarté de deux pieds environ; derrière lui est une table sur laquelle est une bougie allumée; chaque personne de la société doit à son tour passer entre la table et la muraille, et le Colin-Maillard, auquel il est défendu de tourner la tête, doit deviner seulement d'après l'ombre répétée sur la muraille : chacun de ceux qui passent cherche, en faisant des contorsions et en prenant des attitudes bizarres, à n'en pas être reconnu. Quelquefois on le place dans l'enfoncement d'une fenêtre; on tire le rideau devant lui; à certaine distance du rideau est une table qui porte une seule lumière; mais de cette manière l'ombre ne peut se refléter exactement, à cause des ondes du rideau. L'invention de ce jeu date sans doute du temps où l'on faisait avec du papier noir découpé des portraits en profil appelés *silhouettes*, du nom que portait un contrôleur général des finances qui faisait beaucoup de réformes et économisait sur tout.

Feutry dans son poëme parle ainsi de Colin-Maillard :

« Voyez cet enfant badin, un bandeau sur les yeux, les bras tendus, les mains ou-
« vertes, les doigts écartés, marcher en glissant et en tâtonnant la haie; voyez comme

« il tourne, va, revient en cherchant quelqu'un de sa troupe qu'il puisse toucher dans
« sa course incertaine ! Il le prend enfin, le nomme, et se trompe. En vain lui dit-on
« qu'il est dans l'erreur, qu'il n'a pas trouvé ce qu'il cherchait ; il insiste, et demande à
« voir la lumière pour vérifier la prise trompeuse : il reconnaît sa faute, mais trop tard.
« C'est ainsi que l'erreur nous aveugle. »

FABLE XXI.

Colin-Maillard.

ALLONS, enfans, point de paresse ;
Faites qu'au moins en haut, en bas,
Vous, gens d'esprit, on vous connaisse ;
Sots, on ne vous connaisse pas.

Devant l'ormeau du presbytère
Un soir d'été l'on s'amusait :
Citadin ne le croira guère.
Or quel était le jeu qui tant plaisait ?
Colin-Maillard ; tout le monde y rusait.
En vain notre aveugle se lasse

A parcourir l'étroit espace,
Les bras tendus, le dos courbé ;
Sous sa main, qui se ferme vide,
Nul joueur encor n'est tombé ;
Quelquefois, tourmenté d'un silence perfide,
A sa poursuite il croit que tout s'est dérobé,
Et bénit le coup qui le guide.
Mais chacun fuit. Comment ? par où ?
S'il s'élance il entend l'affreux mot *casse-cou* ;
Saisit-il l'imprudent, et vite on le déguise ;
Sur la cornette un grand chapeau,

Sur ce corset un lourd manteau
　Font nommer George au lieu de Lise.
Gros Pierre cependant, le garçon du moulin,
　Médite un tour qu'il dit malin :
Lui seul a des sabots; l'aveugle au bruit le mire:
　Je les aurais ôtés moi sans rien dire:
Lui voit l'arbre; en grimpant il se croit à couvert,
　Et parmi le feuillage vert
　Cette joue arrondie et fraîche
　Sur l'espalier semble une pêche.
Colin-Maillard, qui ne voit rien,
　En revanche a plus fine oreille :
　La branche crie et le conseille;
　L'orme est là; quelqu'un dessus; bien;
Il va, vient, d'un joueur feint de suivre la piste;

Puis, dessous l'arbre à l'improviste,
　Portant un bras robuste en haut,
Empoigne un pied et ce grossier sabot
　Que ne peut renier gros Pierre.
Oh le rusé, qui lui-même se vend
　En s'élevant,
Lorsqu'on n'eût su le reconnaître à terre !
　Au village encore longtemps
　Il fera rire à ses dépens.

Ainsi nous réjouit cette absurde harangue
　Du nouveau maltôtier Mondor,
　Qui, couvert de bijoux, encor
　A ses vieux sabots sur la langue.

L. F.

FABLE XXII.

Les Colins-Maillards.

Émile au sortir de l'enfance
Tout bas interrogeait son cœur,

Et demandait à l'Espérance :
—Où doit-on chercher le Bonheur?

Faut-il poursuivre la richesse?
Faut-il encenser la beauté?
Ou du sort, qui change sans cesse,
Attendre ma félicité? —
La Raison lui dit à l'oreille :
—Bon jeune homme, à quoi songes-tu?

Pour être heureux je te conseille
De suivre toujours la Vertu ;
S'égarer est la loi commune
Dès qu'elle échappe à nos regards:
L'Amour, le Destin, la Fortune
Sont tous trois des Colins-Maillards. —

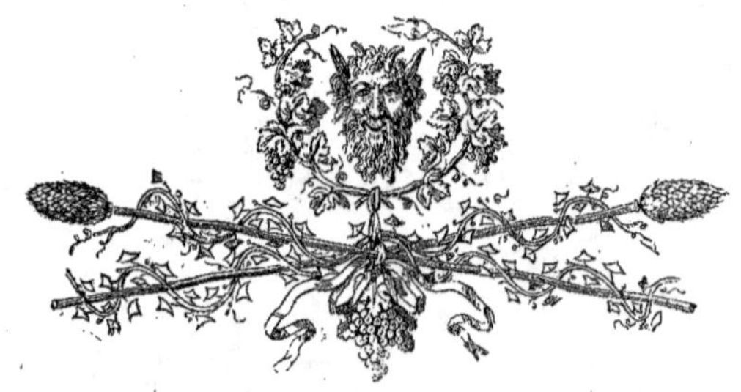

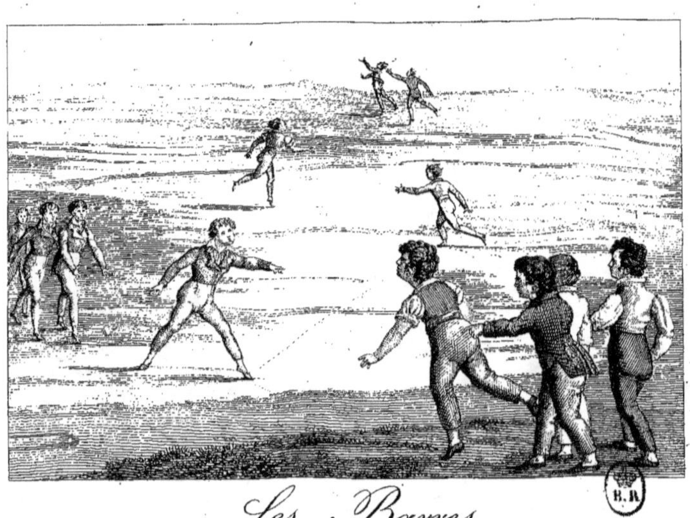

Les Barres

XX.

LES BARRES.

Ce jeu est l'image de la guerre. Deux armées en présence se défient mutuellement en faisant sortir du camp des troupes légères jusqu'à ce qu'à la suite de plusieurs escarmouches il s'engage une action générale, où tous les petits guerriers combattent corps à corps : il est vrai que dans ce genre de combat l'on ne fait point assaut de force corporelle, mais de légèreté et d'habileté à la course.

Il est essentiel que les coureurs dont se composent les camps respectifs soient tellement choisis qu'un des partis n'ait pas sur l'autre l'avantage d'une trop grande disproportion de forces ; les écoliers ou autres jeunes gens qui ont l'habitude de jouer ensemble aux Barres connaissent assez bien les moyens de chacun. Deux d'entre eux, pris dans seul joueur d'un des côtés : dans ce dernier cas la partie peut être éternelle, parce qu'un seul coureur, s'il s'y prend bien, ou si l'ennemi ne fait pas bonne garde, peut délivrer tous ceux de sa troupe.

Voici comment se fait la *délivrance* des prisonniers. Celui qui est pris est tenu de se rendre sans résistance et sans pouvoir s'échapper au camp des adversaires; les prisonniers se rangent sur une seule file à l'entrée du camp en se tenant par la main; ils ne peuvent sortir de cette place et rentrer dans leur camp que si quelqu'un de leur parti, arrivant à l'improviste, touche le premier d'entre eux avec la main, sans être pris lui-même; mais cette délivrance n'est pas facile, parce qu'on laisse toujours quelqu'un dans le camp pour veiller sur les prisonniers. Si les joueurs du même parti se trouvent tous imprudemment engagés dans une *campagne*, alors un des adversaires profite de cette négligence, et leur enlève en un clin-d'œil le fruit de plusieurs victoires. Plus d'un grand capitaine de l'antiquité a souvent éprouvé ce qu'éprouvent tous les jours nos jeunes gens au jeu de Barres, qu'il est moins difficile de faire des conquêtes que de les conserver.

Au lieu de faire des prisonniers, ce qui expose les jeunes gens à contracter une maladie en restant ainsi immobiles après s'être violemment exercés, il est mieux de compter des points, ce qui n'entraîne aucun inconvénient; de cette manière on continue le combat à forces égales, au lieu qu'aux prisonniers souvent un accident livre à l'ennemi les deux ou trois plus forts coureurs d'un camp; dès lors la partie perd de son intérêt, et le vainqueur triomphe sans gloire.

Les *Barres forcées* diffèrent des parties ci-dessus expliquées en ce que les prisonniers, au lieu d'aller à la délivrance, passent dans le camp ennemi; le combat finit lorsque tous ceux d'un camp sont ainsi passés dans l'autre : il est d'usage aux Barres forcées de frapper de trois petits coups celui sur lequel on a barre.

Rien n'est amusant comme de voir la course devenir générale et entraîner les joueurs bien loin du camp.

Nota. Malgré notre projet de ne mettre dans ce Recueil que des Fables inédites, la suivante de La Fontaine nous a paru si applicable aux Barres que nous n'avons pu résister au plaisir de la donner à la suite de ce Jeu.

FABLE XXIII.

Le Lièvre et la Tortue.

Rien ne sert de courir; il faut partir à point :
Le Lièvre et la Tortue en sont un témoignage.

—Gageons, dit celle-ci, que vous n'atteindrez point
Si tôt que moi ce but. — Si tôt? Etes-vous sage?
Répartit l'animal léger.
Ma commère, il vous faut purger
Avec quatre grains d'ellébore.

—Sage ou non, je parie encore. —
Ainsi fut fait, et de tous deux
On mit près du but les enjeux;
Savoir quoi ce n'est pas l'affaire,
Ni de quel juge l'on convint.
Notre Lièvre n'avait que quatre pas à faire,
J'entends de ceux qu'il fait lorsque, prêt d'être atteint,
Il s'éloigne des chiens, les renvoie aux calendes
Et leur fait arpenter les landes;
Ayant, dis-je, du temps de reste pour brouter,
Pour dormir et pour écouter
D'où vient le vent, il laisse la Tortue
Aller son train de sénateur.
Elle part, elle s'évertue,

Elle se hâte avec lenteur:
Lui cependant méprise une telle victoire,
Tient la gageure à peu de gloire,
Croit qu'il y va de son honneur
De partir tard; il broute, il se repose,
Il s'amuse à toute autre chose
Qu'à la gageure. A la fin quand il vit
Que l'autre touchait presque au bout de la carrière,
Il partit comme un trait; mais les élans qu'il fit
Furent vains; la Tortue arriva la première.
—Hé bien, lui cria-t-elle, avais-je pas raison?
De quoi vous sert votre vitesse?
Moi l'emporter! Et que serait-ce
Si vous portiez une maison? —

La Fontaine.

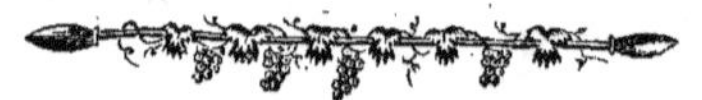

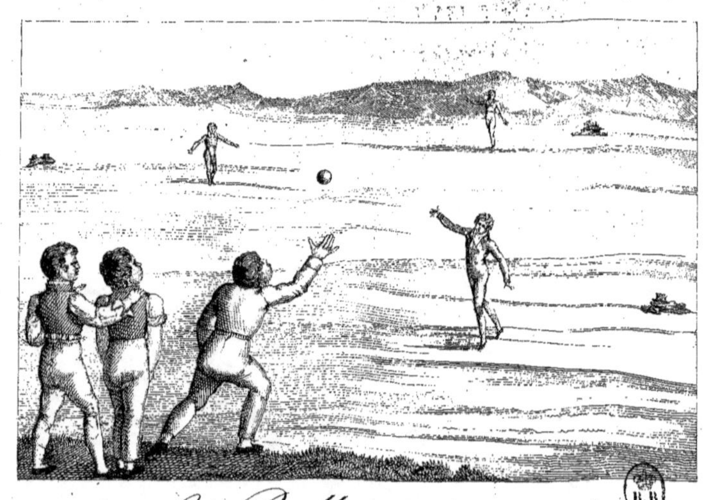

La Balle empoisonnée.

XXI.

LA BALLE EMPOISONNÉE.

Ce jeu s'exécute de deux manières, ou par un certain nombre de joueurs partagé en deux bandes, ou par un seul contre plusieurs. Commençons par la première méthode.

Huit ou dix enfans se divisent en deux partis ; dans une cour ou dans un endroit spacieux et carré quatre points sont marqués, un comme le camp, les autres comme des buts, qui doivent être touchés par les coureurs successifs. On tire à la courte-paille ; les joueurs que le sort favorise occupent le camp ; les autres se mettent entre les quatre buts, à la distance qu'ils jugent convenable ; un des leurs sert la balle à un des joueurs du camp ; il la repousse de *volée*, et court au premier but, au second, successivement aux autres s'il en a le temps ; un autre joueur repousse la balle à son tour, et *fait* le premier but pendant que son camarade fait le second, et ainsi de suite : mais deux joueurs du camp ne peuvent se trouver ensemble à un même but ; ceux du parti qui *l'est* (c'est ainsi qu'on désigne le parti qui n'occupe pas le camp) ramassent la balle le plus promptement possible, afin d'en atteindre un des coureurs avant qu'il ait touché le but ; dans ce cas le joueur atteint de la *Balle empoisonnée* suspend sa course, son parti perd le camp, et il est obligé de servir la balle à son tour, à moins que sur-le-champ lui ou les siens ne soient assez habiles pour la ramasser et en frapper un de leurs adversaires avant qu'il soit rendu au camp : si celui qui a repoussé la balle le fait avec assez peu de précaution pour qu'un des joueurs du parti contraire la retienne de *volée* et sans qu'elle ait touché la terre, ceux de son parti sont également privés de leur avantage. Ce jeu donne beaucoup d'exercice dans une grande cour, dont les quatre coins forment alors les buts : dans une plaine des tas d'habits forment les buts ; mais on a l'inconvénient d'aller trop loin chercher la balle, et ceux qui occupent le camp le gardent trop longtemps.

L'autre manière de jouer à la Balle empoisonnée consiste à creuser en terre neuf trous alignés trois à trois, assez grands pour contenir une balle, et qu'on désigne par le nom de *pots*. Pendant qu'éloigné de douze à quinze pieds celui qui *l'est* cherche à rouler la balle dans un des trous, les autres doivent avoir chacun un pied touchant le trou qu'ils ont choisi, et ne s'éloigner que lorsque la balle s'est arrêtée dans un ; celui dans le trou duquel la balle tombe doit la saisir, et, sans quitter les trous, doit chercher à frapper un de ceux qui s'en sont écartés; s'il n'atteint personne il roule la balle à son tour; dans le cas contraire le joueur frappé de la Balle empoisonnée est contraint au service.

LE BALLON.

Ce jeu, qui a commencé à devenir à la mode il y a une trentaine d'années, est fort ancien, puisque les Romains le connaissaient; ils se servaient d'un sac de cuir, ou d'une *outre* remplie de vent, que l'on poussait avec les pieds ou avec le poignet. Aujourd'hui on fait les Ballons avec une vessie de porc, qu'on choisit parmi celles qui sont le plus arrondies, et qu'on prépare à l'extérieur avec de l'huile pour qu'elle ne se dessèche pas; on enferme cette vessie aplatie dans un Ballon de peau destiné à le recevoir; on y souffle avec un tuyau de plume, et quand le tout est suffisamment gonflé on bouche soigneusement le col de la vessie avec une ficelle; l'enveloppe de peau est garnie d'une espèce de soupape qui referme exactement l'ouverture.

Quand on repousse le Ballon avec le poing il faut une grande force dans le bras; on éprouve même dans les commencemens une douleur qui finit par devenir insupportable si l'on ne se garantit avec un mouchoir roulé autour du poignet.

On peut avec le Ballon jouer une partie suivie et régulière, soumise aux mêmes règles que la Balle en long; mais plus communément les joueurs se placent en cercle, et chassent le Ballon au hasard, de manière que chacun le reçoive et le renvoie à son tour.

Il n'est permis de repousser la balle que de volée ou du premier bond, tandis qu'au Ballon, lorsqu'on ne fait point de partie régulière, le joueur met son amour-propre non seulement à ne point laisser mourir le Ballon entre ses mains, mais encore à le pousser le plus haut et le plus droit qu'il lui est possible; le second, le troisième et le quatrième bonds sont pour cela aussi légitimes que le premier; il est même permis de le toucher plusieurs fois; ainsi ce n'est pas une chose rare de voir un joueur ramener de très-loin un Ballon en lui faisant faire des bonds successifs jusqu'à ce qu'il le trouve dans une situation favorable pour le lancer avec vigueur.

Feutry dans son Poëme parle ainsi de ce jeu:

« Regardez cet enfant; il quitte la prairie aux mugissemens aigus d'un taureau qu'on
« égorge dans la ferme prochaine, qui appartient à ses parens; tout son empressement,
« son ardeur ne tendent qu'à demander la vessie qu'il obtient, et que soudain il remplit
« de vent; transporté d'allégresse par sa grosseur, par sa légèreté et par sa résonnance, il
« la fait bondir cent fois. Mais que cette joie dure peu! Ce ballon, qu'il croyait devoir
« faire sa félicité, tombe bientôt sur quelque pointe qui dans l'instant le perce; le vent
« s'échappe; cette grosseur factice s'évanouit, et ne laisse qu'une peau flétrie et dégoû-

« tante : l'enfant pleure, et revient tristement raconter son infortune à ses camarades,
« qui l'en consolent par des éclats de rire.

« Hommes vains, vous ne pensez ni aux biens solides ni à la véritable gloire; vous
« vous croyez presque des dieux si de vils flatteurs font fumer à vos pieds un encens
« offert par la seule cupidité : un revers arrive; le ballon de cette prétendue félicité se
« désenfle, et ne vous laisse que des regrets cuisans et superflus, que l'abandon et le
« mépris de ces mêmes flatteurs vous rendent plus amers. »

FABLE XXIV.

La Balle empoisonnée.

—Mon cher Justin, contre un bon camarade
Pourquoi me faire un rapport mensonger?
Ton cœur sans doute est loin de partager
Ce tort, l'effet d'un moment de boutade.
Embrassez-vous, et pour n'y plus songer
Par quelque jeu bannis cet air maussade. —
Ainsi parlait un sage précepteur.
Monsieur Justin, le calomniateur,

Court à Robert, l'embrasse, et sur l'avis du maître
Propose un jeu dont maint autre puisse être :
Dix ou douze marmots, formés en deux partis,
Vont à la Balle empoisonnée
Voir finir gaîment la journée.
Sur quatre coins, marqués par les habits
De tous nos jeunes étourdis,
Il en est un que l'on désigne;

2.

6

C'est le camp : l'occuper est un bonheur insigne.
    Après son lâche procédé
    Quoique Justin n'en soit pas digne,
  En sa faveur le sort a décidé :
Robert est de service ; il trime, et sert la Balle :
    Vient bientôt le tour de Justin,
Qui du plus fort qu'il peut, après son coup de main,
    Vers les trois autres buts détale :
Il est frappé soudain. Au lieu d'un long discours
Le précepteur alors de lui dire à l'oreille :
    —La Balle à mainte autre pareille
    Qui t'arrête ainsi quand tu cours,
    Qui fait que chaque partenaire

    Te maudit de belle manière
    Et quitte en enrageant
      Le camp;
    Cette Balle est, mon cher enfant,
    L'image de la calomnie. —

Mère du désespoir et fille de l'envie,
    Fléau de la société,
    Ce monstre à jamais détesté
Au collége, à la ville empoisonne la vie,
    Et trop souvent à son début
Arrête l'honnête homme ou l'homme de génie
Du bonheur ou des arts près d'atteindre le but.

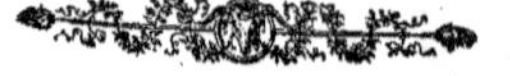

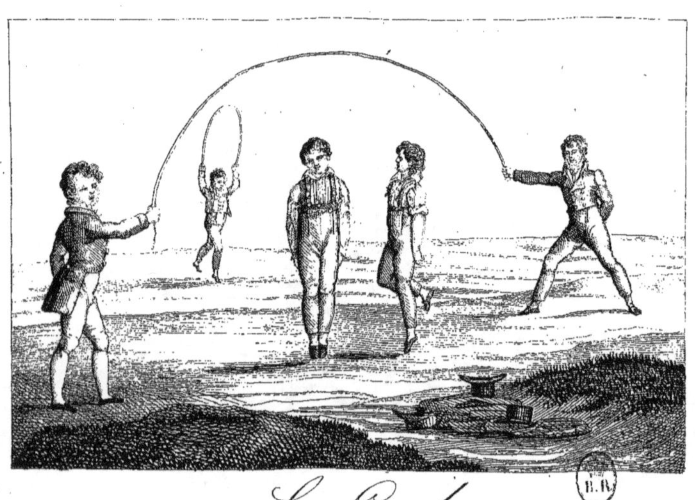

La Corde.

XXII.
LA BALLE AU MUR, LA CORDE.

Les règles du jeu de Balle diffèrent très-peu de celles de la Paume. Le premier de ces exercices, quoique plus enfantin, a des difficultés plus réelles que l'autre. A la Paume la direction une fois imprimée à la balle ne varie point; si elle est poussée avec force et à une grande hauteur on reconnaît sans beaucoup de peine à quel joueur elle doit arriver; mais dans le jeu de la Balle au mur les angles suivant lesquels ce projectile est renvoyé sont difficiles à étudier, et sujets d'ailleurs à beaucoup de variation.

De même que dans les jeux de paume il y a une corde au-dessus de laquelle la balle doit passer pour être bonne, on trace sur le mur une raie au-dessous de laquelle il n'est pas permis d'envoyer la balle, sous peine de perdre des points; quand la balle frappe exactement sur la raie le coup est à remettre, c'est à dire nul.

On joue à la Balle un contre un, deux contre deux, etc.; les joueurs doivent être égaux en nombre de chaque côté, et il faut assortir leurs forces le plus qu'il est possible; un des joueurs du parti qui doit servir lance la balle de manière qu'au premier coup elle soit *belle*, c'est à dire facile à prendre soit de volée, soit du premier bond; un joueur du parti contraire repousse la balle, qui est reçue et renvoyée par un de ses adversaires, ainsi de suite.

La finesse du jeu consiste à ne pas donner la balle trop *belle* à ses adversaires, sans cependant s'exposer à manquer le coup si la balle frappe au-dessous de la raie ou hors de l'enceinte convenue.

Tant que la balle est renvoyée personne ne compte de points; mais si quelqu'un des joueurs manque le coup, ou envoie la balle sous raie, ou la prend du second bond, ceux du parti adverse comptent quinze; on compte également *quinze* pour chaque coup manqué. La partie est de *soixante;* mais il faut pour la terminer sans interruption qu'un des deux partis ait fait les trente derniers points en deux coups : ainsi, par exemple, si lorsque vous avez compté *quarante-cinq* vous laissez prendre le même point à vos adversaires, il ne vous est plus permis au coup suivant de compter *soixante* ou partie; vous obtenez seulement ce qu'on appelle *avantage;* si, l'égalité étant ainsi rompue, votre adversaire fait également avantage, il y a *avantage à deux*, et le coup suivant détermine enfin irrévocablement à qui la partie doit appartenir.

Le Jeu de Balle est presque le seul que les écoliers aient coutume d'*intéresser :* le prix des vainqueurs n'est point de l'argent, car les parens et les instituteurs doivent veiller à ce que les jeunes gens ne laissent point dégénérer en une vile spéculation d'intérêt ce qui tend seulement à provoquer un utile exercice; c'est ordinairement une balle, et dans ce cas les jeunes athlètes doivent convenir bien nettement si la balle, prix de la partie, sera la balle du jeu ou une autre, à la discrétion des perdans, qui ne manquent point alors d'en donner une de *chiffe*, et par conséquent de très-médiocre valeur.

Dans les pensionnats où il y a quelque bon *Jeu de Balle*, c'est à dire un mur d'une hauteur et d'une largeur très-propres à ce genre d'amusement, il n'est pas rare qu'on s'en dispute la possession : l'emplacement appartient de droit aux premiers occupans; mais il y a un moyen de concilier tous les intérêts, par ce qu'on appelle des *défis;* ceux qui ne veulent pas rester spectateurs oisifs des plaisirs des autres viennent leur faire *défi;* les premiers sont obligés d'accepter la partie : la récompense des gagnans est le droit de rester seuls en possession de la place disputée, à moins qu'ils ne reçoivent un troisième défi. C'est un moyen fort sagement imaginé pour que chacun joue à son tour et que tout le monde soit content.

Les balles dont les enfans font usage sont faites de diverses matières, et avec plus ou moins de soin; les plus mauvaises sont celles dites de *chiffe*, c'est à dire composées de bandes de chiffons mises les unes sur les autres; on en fait de meilleures avec des bandes de vieux drap ou de lisières coupées fort étroites; les meilleures et les plus usitées consistent en fils de laine roulés avec soin sur un bouchon de liége taillé en boule : dans tous les cas on recouvre les balles de morceaux de peau fine; celle de vieux gants est excellente pour cet usage. Ces balles rebondissent fort bien et ne font point de mal à la main des joueurs. On ne se sert guère des balles de chiffe que pour le jeu de la *Balle empoisonnée*.

Les balles de gomme élastique ont un inconvénient dans leur élasticité même; elles font des bonds réitérés, sont faciles à se perdre, et occasionnent d'ailleurs beaucoup de mal à la main, à raison de leur dureté.

Ce genre de balles n'est utile que pour le jeu de la *Balle aux deux murs*, sous une galerie de pierre, ou sous une porte cochère. Les règles de la Balle aux deux murs sont les mêmes que celles de la Balle au mur simple; mais comme la balle a des réflexions doubles, et que l'espace est plus resserré, on n'y joue commodément que quand on est deux.

LA CORDE.

Le jeu de la Corde est pour les enfans un exercice violent sans doute, mais qui ne peut être que salutaire si les parens ou les instituteurs leur permettent d'en user modérément.

On y joue seul ou plusieurs; dans la Corde où l'on joue seul on exécute différentes sortes de pas; on peut marcher en quelque sorte à la manière ordinaire, et parcourir ainsi un espace considérable sans fatigue ni interruption. Les enfans font aussi des *petits pas* qui ne ressemblent pas mal aux antiques *pas de si-sol* dans les contredanses. Les *croix de chevalier* sont un pas de corde fort élégant; il consiste à croiser les deux bras sur la poitrine dans le moment où la corde passe sous les pieds, à les développer et à les refermer avec vitesse; la corde prend un mouvement oscillatoire qui la fait croiser tantôt dans un sens, tantôt dans un autre; le spectateur lui voit prendre une forme tantôt circulaire, tantôt approchant de la croix de Malte. La manière la plus agréable de jouer à la Corde est de faire une partie, et de joûter à qui fera le plus grand nombre de doubles ou triples tours, ou de croix de chevalier doubles tours.

Les doubles tours consistent à faire passer deux fois la corde sous les pieds pendant un seul saut; un bon joueur peut en faire un ou deux cents de suite sans manquer ni se reposer. Les triples tours sont beaucoup plus difficiles; on n'en fait guère au-delà d'une douzaine de suite. Les croix de chevalier doubles tours demandent une grande souplesse dans les reins, et beaucoup de vigueur dans les poignets; on fait successivement un double tour et une croix de chevalier de la même espèce.

Pour bien jouer à la Corde il faut pouvoir disposer d'un parquet bien planchéié, ou tout au moins d'un terrain uni ; on doit prendre garde qu'il ne s'y trouve des cailloux ; le mouvement rapide de la corde pourrait lancer au loin ces objets , et occasionner des accidens.

A la Grande Corde on admet un nombre indéfini de joueurs ; deux tournent la corde pendant que leurs camarades passent successivement au milieu ; quand les joueurs sont habiles trois ou quatre écoliers peuvent sauter ensemble au centre de la corde ; mais le moindre faux pas fait manquer le jeu : on proportionne la rapidité de la corde à l'adresse des sauteurs. Les écoliers appellent *donner du vinaigre* l'action de faire tourner la corde avec beaucoup de vivacité.

Un ingénieux hollandais, Jacques Catz, qui vivait du temps de Louis XIV, et qui a composé un recueil considérable de poésies latines et hollandaises, a célébré les jeux de l'enfance dans un poëme intitulé *Kinder-Spel :* on pense bien que celui de la Corde n'y est pas oublié ; voici en quels termes il en fait la description , et la morale qu'il en tire :

« Deux enfans, éloignés d'une vingtaine de pas, tiennent une corde un peu lâche qu'ils
« font tourner en effleurant la terre ; un troisième doit passer entre eux sans toucher ce
« cordeau mobile, ou mieux encore danser et sauter au milieu avec légèreté sans que sa
« corde ni ses pieds ne l'arrêtent ou le touchent en aucune façon , sans quoi il est puni
« de sa maladresse, et obligé de prendre à son tour la place de l'un de ceux qui agitent le
« petit câble : c'est ainsi que les fautes de l'un servent au soulagement d'un autre.

« Etudiez les mouvemens, les regards de cet écolier ; voyez comme il épie le moment
« d'entrer : dès que la corde, courbée en demi-cercle, est au point le plus favorable à
« son dessein, il part comme un trait, ni trop tôt ni trop tard, sans lenteur et sans vitesse
« intempestive, mais à l'instant rigoureux ; parvenu au centre, il saute avec autant de sou-
« plesse que de gaieté, et fatigue ses camarades, qui envient son adresse et son bonheur.

« Que d'instructions utiles ne peut-on pas trouver dans cet amusement puéril ! Il vous
« apprend que si vous manquez l'occasion, la minute, la fortune vous échappe ; vous
« perdez le fruit de vos soins, et rarement l'instant perdu se retrouve. »

FABLE XXV.

Le Dromadaire, l'Ours et les Deux Singes.

Au son du tambourin et sur un Dromadaire
Etaient journellement promenés dans Paris
Deux Singes, amenés des plus lointains pays ;
L'habitude, le temps, la commune misère
    D'un Ours devenu leur confrère
    Les avaient rendus bons amis.
Aux bons parisiens la troupe avait su plaire :

Lorsque les directeurs, montagnards auvergnats,
    Au public l'offraient en spectacle,
    Chaque acteur jouait à miracle ;
D'abord le Dromadaire, en tournant à grands pas,
    Faisait écarter la cohue,
Qui pour les voir venait des deux bouts de la rue ;
L'Ours ensuite, aussi bien que les plus vieux soldats,

LES JEUX

Manœuvrait, faisait l'exercice,
En grommelant s'acquittait du service,
Et, derrière la tête ayant un gros bâton,
Juste au-dessus des omoplates,
On le voyait aller, venir, danser en rond,
Et puis avec lourdeur retomber sur ses pattes
Pour faire place aux Singes, ses amis;
Ceux-ci de gambader, de faire des grimaces,
De provoquer les bravos et les ris
Par mille tours pleins d'adresse et de grâces:
Ainsi se passait chaque jour.
Mais il leur vint en tête un nouveau tour;
Ayant vu des enfans s'amuser à la Corde,
Ils voulurent faire comme eux:
En ce projet l'Ours avec eux s'accorde;
En ami complaisant qui se prête à leurs jeux,
Il s'accroupit sur son derrière,
Leur offre pour sauter au mieux
Le cable qu'à sa muselière
Les conducteurs avaient laissé;
Un des futurs sauteurs prend le bout opposé,
Et soudain le tourne à merveille;

Celui qui va sauter se gratte alors l'oreille,
Cherchant des yeux, avant de commencer,
L'instant précis pour s'élancer
Et faire avec honneur ses sauts et ses gambades;
Malgré l'accord parfait de ses deux camarades,
Il s'élançait toujours ou trop tôt ou trop tard;
Même en un nœud coulant, formé par le hasard,
L'histoire dit qu'il eut la patte prise;
Force lui fut enfin de laisser l'entreprise.
Nos Singes s'étaient dit: — Ne sommes-nous pas faits
Comme ces enfans à peu près?
Nos pieds, nos mains des leurs ont la souplesse:
Nous aurons sous la Corde une aussi grande adresse.—
Ne sachant point qu'il leur manquait un don
Que l'Eternel dans sa sagesse
N'accorda pas à leur espèce;
Ce beau présent c'est la raison.

Les sots enfans dont la manie
Est de vouloir tout imiter
Sans moyens pour exécuter,
De nos Singes ont la folie.

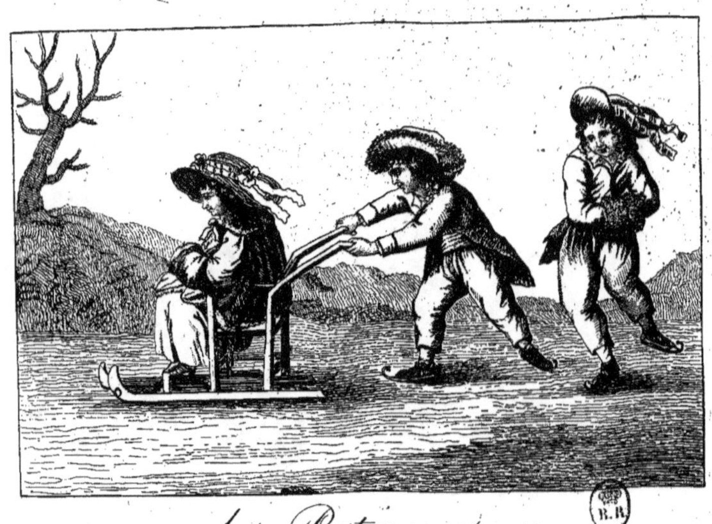

les Patineurs.

A Paris, Chez Noël J.me Graveur, Rue des Noyers, N.º 67.

XXIII.
LES PATINEURS.

Lorsque dans l'hiver la surface d'un bassin, d'un étang ou d'une rivière peu profonde est gelée et présente une croûte assez épaisse pour supporter sans danger le poids de plusieurs hommes, on permet quelquefois aux enfans d'y former des jeux appropriés à la rigueur de la saison; les uns façonnent des pelottes de neige, qu'ils roulent sans cesse jusqu'à ce qu'elles aient acquis une grosseur prodigieuse; les autres font des glissades; quelques-uns, armés de patins, effleurent légèrement la surface de la glace, et parcourent la pièce d'eau en différens sens avec une vitesse admirable. En Hollande, où les canaux et les rivières sont gelés à plusieurs pieds de profondeur, on profite de cette circonstance pour faire en peu de temps de longs voyages; les laitières, les marchands de légumes se rendent à la ville et en reviennent en patinant sur la glace.

Dans le climat de Paris et des autres contrées centrales ou méridionales de l'empire français la glace acquiert rarement assez de consistance pour qu'on patine sans danger sur les rivières; ce passe-temps est permis tout au plus sur les étangs ou mares d'eau stagnante. Le Patin consiste en une semelle de bois au-dessous de laquelle est un fer très-poli, large de deux ou trois lignes, et courbé en avant; il y a sous le talon une pointe, que l'on enfonce dans la glace quand on veut s'arrêter.

FABLE XXVI.

Les Patineurs.

Jusqu dans les jeux enfantins
La morale peut trouver place.

Deux marmots effleuraient la glace,
Perchés sur de légers Patins;
Tous deux voulaient d'une rivière
En glissant gagner l'autre bord.

Le plus hardi, quittant le port,
Prend une allure leste et fière,
Et croit arriver tout d'abord:
Le second se tient en arrière:
Vous allez voir qu'il n'a pas tort.
Le premier, qui tout has méprise
Notre timide jouvenceau,
Persistant dans son entreprise,

Rit et fait un effort nouveau :
La glace crie ; elle se brise ;
Crac, l'imprudent tombe dans l'eau :
Tel fut le prix de sa bravade.
Non loin de là son camarade ,
Et plus prudent et plus léger,
Fit une heureuse promenade

Et parvint au bord sans danger.

Exempts d'orgueil, exempts d'envie,
Doucement laissons-nous vieillir,
Et sur les tourmens de la vie
Glissons sans les approfondir.

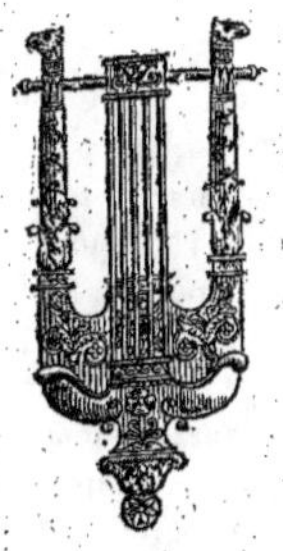

XXIV.

LES QUILLES.

Oₙ range trois à trois et en carré neuf quilles, qui consistent en morceaux de bois longs et arrondis, plus minces vers le haut que par le bas ; les joueurs saisissent chacun à leur tour la boule, qui est très-grosse et communément percée d'un trou large et profond pour passer les quatre doigts, et d'un autre tout rond pour enfoncer le pouce ; on saisit ainsi la boule avec plus de commodité, et on peut la lancer avec plus de force. L'adresse consiste à entamer le Jeu de Quilles par un des angles, afin d'en abattre le plus possible. On joue ordinairement deux coups de suite quand le coup a réussi ; après le premier coup on relève les quilles qui ont été abattues ; le joueur, qui est cette fois beaucoup plus près, se trouve dans une situation si avantageuse qu'on en a vu abattre les neuf quilles à la fois. La partie consiste en un certain nombre de points.

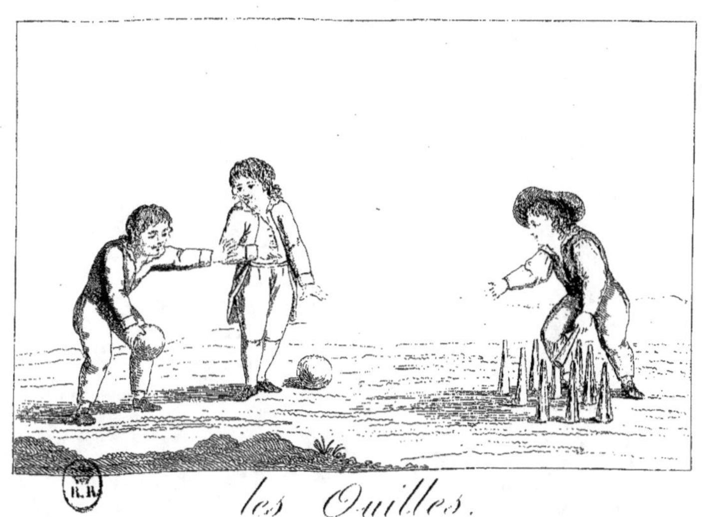

les Quilles.

Racine le jeune, dans ses Mémoires sur la vie de son père, dit que Boileau excellait à
ce jeu : « Je l'ai vu souvent abattre toutes les neuf d'un seul coup de boule. Il faut avouer,
« disait-il à ce sujet, que j'ai deux grands talens, aussi utiles l'un que l'autre à la société
« et à l'état ; l'un de bien jouer aux quilles, et l'autre de bien faire des vers. » Quelle
leçon pour ceux qui regardent la littérature comme un état !

LE SIAM.

Le Jeu de Siam se joue avec des quilles en plus grand nombre et plus petites ; elles
sont disposées en rond, excepté une qui est au milieu, et trois autres qui figurent une
espèce de queue.

On n'abat point les quilles avec une boule, mais avec un morceau de bois large et rond
dont les bords vont en biaisant, afin que, lancé, il décrive un ou plusieurs cercles. La
quille du milieu ou *Siam* compte *neuf;* celles qui l'entourent ne comptent qu'un ; les
trois de la queue ont des valeurs inégales. La partie est fixée à un certain nombre de
points, qu'il ne faut pas dépasser sous peine de *crever,* c'est à dire d'être obligé de recom-
mencer, comme si l'on n'avait encore rien fait.

On voit par là qu'il y a dans ce jeu plus de hasard que d'adresse.

FABLE XXVII.

Les Quilles.

—Hé bien, Prosper, redresse donc les Quilles.
Veux-tu gager que je gagne du coup?
Il ne me faut que trois points. — C'est beaucoup.
—Mais convenons; je laisse-là ces billes,
Je prendrai moi la boule que voici.
— C'est convenu. — Jean s'était dit
— J'ai fait deux points avec petite boule;
Avec la grosse au moins j'en ferai trois. —
Jusques au bout, tout joyeux, il la roule,
Et la soulève, et la trouve de poids;
Pour mieux jouer il s'arc-boute, il s'efforce,
La jette enfin... à ses pieds. — Tu le vois,
Lui dit Prosper qui rit entre ses doigts,
Il faut d'abord bien connaître sa force. —

L.F.

FIN.

www.ingramcontent.com/pod-product-compliance
Lightning Source LLC
LaVergne TN
LVHW021029050726
842519LV00003B/785